बच्चों को बिगड़ने से कैसे रोके

आज के समय में हर माता-पिता के लिए एक अनिवार्य पुस्तक, जो बच्चों को बिगड़ने से रोकना सिखाए।

- क्या आपका बच्चा बिगड़ चुका है? या क्या उसके चाल-चलन से ऐसा प्रतीत होता है कि वह बिगड़ सकता है।
- आज के मां-बाप और अभिभावकों के लिए यह सर्वाधिक चिंता का विषय अवश्य है, लेकिन यदि वे अपने दायित्वों के प्रति सचेत हैं, तो चिंता की आवश्यकता नही रहेगी।
- आज की पश्चिमोन्मुखी जीवन शैली नई पीढ़ी को रंगीन सपने दिखाकर उन्हें भ्रमित कर रही है और चकाचौंध की इन अंधी गलियों में उन्हें पथ भ्रष्ट कर रही है।
- यदि आप जागरूक हैं, आप में दूरदर्शिता है, तो आप अवश्य चाहेंगे कि ज़ख्म के नासूर बन जाने से पहले ही उसे जड़ से उखाड़कर ख़त्म कर दिया जाए।
- इस दृष्टि से यह पुस्तक आपके लिए सौ प्रतिशत लाभदायक सिद्ध होगी, क्योंकि इसमें बहुत ही वैज्ञानिक और व्यावहारिक ढंग से बच्चों के बिगड़ने के कारण, लक्षण और उनको बिगड़ने से राकने के ठोस उपाय दिए गए है।

बच्चों को
बिगड़ने
से कैसे रोके

चुन्नीलाल सलूजा

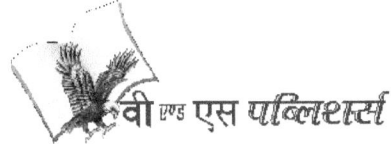

वी एण्ड एस पब्लिशर्स

प्रकाशक

F-2/16, अंसारी रोड, दरियागंज, नयी दिल्ली-110002
23240026, 23240027 • फैक्स: 011A23240028
E-mail: info@vspublishers.com • *Website:* www.vspublishers.com

शाखा: हैदराबाद

5-1-707/1, ब्रिज भवन (सेन्ट्रल बैंक ऑफ इण्डिया लेन के पास)
बैंक स्ट्रीट, कोटी, हैदराबाद-500 095
040-24737290
E-mail: vspublishershyd@gmail.com

शाखा : मुम्बई

गोदाम 34 ऐट द मॉडल को-आपरेटिब हाउसिंग सोसाइटी लि0,
'साहकार निवास' ग्राउण्ड फ्लोर, नेक्स्ट टू सोबो सेन्ट्रल, मुम्बई - 400 043
022-23510736
E-mail: vspublishersmum@gmail.com

फ़ॉलो करें:

हमारी सभी पुस्तकें **www.vspublishers.com** पर उपलब्ध हैं

© **कॉपीराइट:** *वी एण्ड एस पब्लिशर्स*

ISBN 978-93-814487-4-8

संस्करण: 2015

भारतीय कॉपीराइट एक्ट के अन्तर्गत इस पुस्तक के तथा इसमें समाहित सारी सामग्री (रेखा व छायाचित्रों सहित) के सर्वाधिकार प्रकाशक के पास सुरक्षित हैं। इसलिए कोई भी सज्जन इस पुस्तक का नाम, टाइटल डिजाइन, अन्दर का मैटर व चित्र आदि आंशिक या पूर्ण रूप से तोड़-मरोड़ कर एवं किसी भी भाषा में छापने व प्रकाशित करने का साहस न करें, अन्यथा कानूनी तौर पर वे हर्जे-खर्चे व हानि के जिम्मेदार होंगे।

मुद्रक: यूनिक कलर कार्टन, मायापुरी, दिल्ली

बिगड़ैल बच्चों से आशय

बच्चों के बिगड़ने की समस्या आज काफ़ी गंभीर बन गई है। बिगड़ैल बच्चों के कारनामों ने अब परिवार से बाहर निकलकर समाज और राष्ट्र को प्रभावित करना शुरू कर दिया है। बच्चों द्वारा खेल-खेल में साथी बच्चे की हत्या कर डालना, अवयस्क किशोर-किशोरियों द्वारा शराब पीकर तेज रफ्तार गाड़ी चलाना और राहगीरों को कुचलकर मार देना, देर रात तक घर से बाहर रहना, होटलों में जाना, पार्टियां, डिस्कोथिक, स्वच्छंद आचरण करना, नशाखोरी का शिकार होना आदि ऐसे कारनामे हैं, जो किसी भी समाज के लिए गंभीर चिंता का विषय हो सकते हैं। इससे भी आगे अपराधियों द्वारा बहला-फुसला कर बच्चों के नाजुक हाथों में बंदूक थमा देने या उन्हें तस्करी में डाल देने आदि के समाचारों को समाजविज्ञानी एक चेतावनी, एक चुनौती के रूप में लेने को बाध्य हैं।

आधुनिकता के इस दौर में बच्चों के जीवन स्तर में भी सुधार आया है। बच्चों के खान-पान, पहनाव-उढ़ाव और शिक्षा के क्षेत्र में पिछले 50 वर्षों की तुलना में आज व्यापक तरक्की हुई है। जैसे-जैसे परिवारों का आर्थिक स्तर बढ़ा है, बच्चों को भी अधिक सुविधाएं उपलब्ध हुई हैं। अब एकाध जोड़ी कपड़े और कलम-दवात लेकर बच्चों को मीलों दूर पैदल स्कूल नहीं जाना पड़ता। हर माता-पिता अपने बच्चे पर स्वयं से अधिक पैसा खर्च करना चाहते हैं। उसे अच्छे स्तर के कपड़े, जूते, किताब, कॉपी, बैग उपलब्ध कराकर घर से ही सवारी की सुविधा उपलब्ध कराते हैं और अच्छे-से-अच्छे विद्यालय में शिक्षा दिलाना चाहते हैं।

इतनी सुविधाओं और शिक्षा के स्तर में सुधार के बावजूद बच्चों में अनुशासनहीनता सारे बांध तोड़ रही है। कारण यह है कि धन कमाने की होड़

में बनते जा रहे एकल या छोटे परिवार, तथा माता-पिता दोनों की व्यस्तताएं बच्चों को परिवार के स्तर पर पूरी तरह संस्कार नहीं देने दे रही है। अधिकांश माता-पिताओं के पास इतना समय ही नहीं है कि वे घर से बाहर या स्कूल में बच्चे की गतिविधियों की जानकारी ले सकें। कुछ माता-पिता तो घर में भी बच्चे के आचरण, व्यवहार पर ध्यान नहीं दे पाते। वे पैसे खर्च कर बच्चों का आचरण खरीदना चाहते हैं, जो मिलना संभव ही नहीं है। परिणामतः बहुत से बच्चे अपने मनपसंद आचरण के सहारे बिगड़ैलपन की अंधी गलियों की ओर बढ़ते जा रहे हैं। इसलिए अब समय आ गया है कि बच्चों की बर्बादी पर आंसू बहाने की स्थिति आने से पहले लाडलों के चरित्र निर्माण के प्रति सचेत हों। सवाल उठता है कि आखिर बिगड़ैलपन क्या है? ऐसे बच्चे जिन्हें अपने भविष्य, कैरियर की कोई चिंता नहीं, अपनी सामाजिक और पारिवारिक प्रतिष्ठा का कोई ख्याल नहीं, सामाजिक वर्जनाओं का उल्लंघन करने में जिन्हें जरा भी संकोच या हिचक नहीं, ऐसे बच्चे ही बिगड़ैल बच्चे कहलाते हैं। उनकी प्रवृत्ति बिगड़ैल हो जाती है, जो आयु, परिस्थितियों और साधनों के साथ-साथ बढ़ती जाती है। संक्षेप में जिन बच्चों की सोच, आचरण और व्यवहार पारिवारिक, सामाजिक और राष्ट्रीय अपेक्षाओं के विपरीत, अनुशासनहीन होता है, साधारण बोल-चाल की भाषा में इन्हें ही बिगड़ैल बच्चे कहते हैं।

प्रसिद्ध मनोवैज्ञानिक सिरिल बर्ट ने इस प्रकार के बच्चों के संदर्भ में कहा है कि ''जिन बच्चों में समाज विरोधी प्रवृत्तियां बढ़ जाती हैं और प्रशासन को भी उसके विरुद्ध सोचना पड़ता है, बिगड़ैल बच्चों की श्रेणी में आते हैं।''

कुछ इसी प्रकार की बात मनोवैज्ञानिक हीली ने भी स्वीकार की है। उसके अनुसार ''बिगड़ैलपन एक प्रकार की आपराधिक वृत्ति ही है।'' अतः इसे आपराधिक वृत्ति की प्राथमिक अवस्था कहना अनुचित न होगा। हीली के ही अनुसार ''वह बालक जो समाज द्वारा स्वीकृत आचरण का पालन नहीं करता, बिगड़ैल कहलाता है।''

समग्र रूप से बिगड़ैल बच्चों के संबंध में शाब्दिक अभिव्यक्ति चाहे जिस रूप में की जाए, उसका आशय यही है कि समाज की दृष्टि में जो श्रेयस्कर है, उसे स्वीकार न करते हुए यदि बच्चे उसके विपरीत आचरण करते हैं, तो वह परिवार, समाज और राष्ट्र पर बोझ बन जाते हैं। यदि उनकी इस अनुशासनहीन सोच और आचरण को नियंत्रित नहीं किया गया या उसे किसी प्रकार का प्रोत्साहन दिया गया, तो ऐसे बिगड़ैल बच्चे भविष्य में अपराधी तक बन सकते हैं। अतः सुखी परिवार और स्वस्थ समाज के लिए बिगड़ैलपन की इस समस्या को रोकना आज हमारी सबसे महत्वपूर्ण आवश्यकता बन गई है। समस्या के समाधान के

लिए हमें बच्चों की मानसिकता और उन परिस्थितियों को देखना होगा, जो बच्चों को बिगड़ने के लिए प्रेरित करती हैं।

कैसा होता है बच्चों का मन?

कहते हैं कि बच्चे मन के सच्चे होते हैं। वे मन, वचन और कर्म से शुद्ध, सरल और निर्मल होते हैं। बिल्कुल वर्षा की बूंदों की तरह, लेकिन जिस प्रकार से वर्षा की निर्मल बूंदें धरती का स्पर्श पा कर मैली हो जाती हैं, ठीक उसी प्रकार से बच्चे भी समाज और परिवार का स्पर्श-संपर्क पा कर अच्छे-बुरे बन जाते हैं। यह अच्छाई-बुराई चूंकि उन्हें समाज और परिवार से मिलती है, इसलिए उनकी सरलता मलिनता में बदलने लगती है। यह मलिनता ही उसे जीवन के दाव-पेंच, झूठ-सच, हेरा-फेरियां सिखाने लगती है। जब तक बच्चा अपनी सीमाओं में रहता है, तो ये हेरा-फेरियां सहन होती रहती हैं। परिवार और समाज भी उसे बच्चा समझकर माफ करता रहता है, लेकिन जब उसकी ये हेरा-फेरियां करतूतों में बदलने लगती हैं, सहन शक्ति के बाहर होने लगती हैं, तो बच्चे मन के सच्चे न रहकर बिगड़ने लगते हैं। परिवार और समाज पर बोझ बनने लगते हैं। परिवार के ऐसे बच्चे उद्दंडता की सारी सीमाएं पार कर इतने बिगड़ जाते हैं कि वे अपने ही अभिभावकों की कमजोरियों का लाभ उठाने लगते हैं। शराब पीना, तेज गाड़ी चलाना, देर रात तक घर से बाहर रहना, लड़ाई-झगड़ा करना और कभी-कभी हत्या जैसे गंभीर अपराध कर बैठने वाले बिगड़ैल बच्चों के कारनामों की खबरें अखबारों में आए दिनों छपती रहती हैं, जो समाज में बढ़ते हुए बिगड़ैल बच्चों की सच्चाई प्रकट करती हैं।

क्या चाहता है आपका लाडला आप से?

बच्चों के पालन-पोषण, उसके वर्तमान और भविष्य को मां-बाप के विचार, रहन-सहन और जीवन शैली प्रभावित करती है। परिवार चाहे संयुक्त हो अथवा एकल, बच्चों की अपेक्षाओं का केंद्र मां-बाप ही होते हैं। बच्चा अपने मां-बाप से इतना अधिक प्रभावित होता है कि परिवार के अन्य सदस्य चाहे जैसे भी हों, लेकिन वह मां-बाप को ही अपना प्रेरक और आदर्श मानता है। मां-बाप का संरक्षण, स्नेह, जहां लड़के-लड़कियों में आत्मविश्वास पैदा करता है, वहीं उनकी कार्यक्षमता बढ़ाता है। समाज में चाहे कितने ही परिवर्तन हो जाएं, सामाजिक और नैतिक मूल्यों का चाहे कितना ही ह्रास हो जाए, लेकिन बच्चों पर मां-बाप

का जो प्रभाव पड़ता है, वह भी कम नहीं होता। इस प्रकार बच्चे अपने मां-बाप से जो अपेक्षाएं करते हैं, वे आगे दी जा रही हैं–

आत्मीयता की चाहत

जिस प्रकार से प्यास की तृप्ति के लिए प्राणी को जल की आवश्यकता होती है, कुछ इसी प्रकार की चाह बच्चे के मन में मां-बाप से होती है। इस चाह की अभिव्यक्ति अभिभावक बच्चे को गोद में लेकर, उसे हवा में उछाल कर, चूम कर, उसे सीने से लगाकर करते हैं। इस प्रकार के आत्मीय स्नेह की चाह उम्र के साथ-साथ बढ़ती जाती है। इसलिए केवल छोटे बच्चों को ही नहीं, बल्कि किशोरावस्था को प्राप्त लड़के और उसके बाद युवा बच्चे भी मां-बाप से यही स्नेह, संरक्षण और आत्मीय लगाव चाहते हैं। इसलिए कहा जाता है कि बच्चा चाहे कितना ही बड़ा हो जाए मां-बाप के लिए हमेशा बच्चा बना रहता है। हमारे देश में विवाह हो जाने के बाद मां-बाप लड़के-लड़की के प्रति उदासीनता बरतने लगते हैं। यही कारण है कि बच्चों के मन से परिवार के प्रति स्नेह स्रोत सूखने लगते हैं। जब लड़के-लड़कियां मां-बाप के आत्मीय स्नेह से वंचित रह जाते हैं, तो उनमें परिवार के प्रति (मां-बाप के प्रति) दूरियां बढ़ने लगती हैं। आत्मीय स्नेह की यह वंचना लड़के-लड़कियों में एक दबी इच्छा बन कर रह जाती है। इस संबंध में दिल्ली की श्रीमती अभिलाषा जैन का मत है कि आत्मीय स्नेह की यह अभिव्यक्ति यदि आप बच्चों को प्रत्यक्ष में नहीं दे पातीं, तो अप्रत्यक्ष में पूरी करें।

बच्चों की इस इच्छा को पूरा करने के लिए उनसे निरंतर संपर्क, संवाद बनाए रखें। जो बातें माता-पिता किन्हीं कारणों से प्रत्यक्ष में नहीं कह पाते, उन बातों को फोन अथवा पत्र द्वारा अभिव्यक्त करें। पंडित नेहरू द्वारा 'पिता के पत्र पुत्री के नाम' इसका एक अच्छा उदाहरण है। मां-बाप से स्नेह पाने की इस इच्छा को मान्यता दें। बच्चा आप से और परिवार से हमेशा जुड़ा रहेगा। पारिवारिक अपेक्षाओं को पूरा करेगा। मां-बाप के स्नेह से वंचित बच्चा उपेक्षा की प्रतिक्रिया स्वरूप जो व्यवहार करेगा, वह उसे बिगड़ने की ओर ले जाएगा।

मां के प्रति पापा के स्नेह की चाह

चूंकि बच्चे मां को बहुत अधिक स्नेह करते हैं, मां भी बच्चे पर अपनी सारी खुशियां न्यौछावर करती है, इसलिए बच्चे मां पर अपना संपूर्ण स्नेह लुटाते हैं। स्नेह के इस व्यवहार की पूर्ति के लिए वे पापा से भी यह अपेक्षा करते हैं कि वह मां को प्यार करें। मां से पापा किसी प्रकार के अपशब्द न बोलें। उस पर

हाथ न उठाएं। जो बातें अथवा व्यवहार मां को पसंद नहीं, जिनसे मां का दिल दुखता हो वैसी बातें या व्यवहार पापा न करें। यदि पिता देर रात घर लौटते हैं, घर आकर मां से दुर्व्यवहार करते हैं, कर्कश बोलते हैं, प्रताड़ित करते हैं, तो पिता द्वारा मां के प्रति प्रदर्शित किया गया यह 'नाटक' बच्चे को बहुत गहराई तक प्रभावित करता है और उसके दिल में पिता के प्रति प्राथमिक आक्रोश अंकुर बनकर फूटने लगता है। बच्चा चाहे कितना ही छोटा क्यों न हो, पापा का मम्मी के प्रति प्रदर्शित किया गया स्नेह देखकर मन-ही-मन प्रसन्न होता है। एक वर्ष की सोनाली भी मम्मी-पापा को प्यार करते देख आनंदित आंखों द्वारा और मधुर मुस्कान होठों पर बिखेर कर अपनी प्रसन्नता प्रदर्शित करती है। पत्नी के प्रति अपने प्यार को स्नेह भाव से प्रदर्शित करने वाला व्यक्ति ही अच्छा पिता होता है और ऐसे पिता के बच्चे कम ही बिगड़ पाते हैं, जबकि पति-पत्नी के झगड़े देखने, सुनने, सहने वाले बच्चे हमेशा भावनात्मक रूप से तनावग्रस्त रहते हैं। छोटी उम्र के बच्चों के मन में पिता का भय, घर का तना हुआ माहौल ही उन्हें क्रोधी, चिड़चिड़ा और कर्कश बना देता है। यही प्रवृत्ति बच्चों में बिगड़ैलपन को बढ़ावा देती है।

बच्चे अभिभावकों का समय चाहते हैं

बच्चे चाहे छोटे हों अथवा बड़े, हमेशा यह चाहते हैं कि अभिभावक उन्हें कुछ समय दें। रोता हुआ बच्चा भी मां की गोद में जाकर चुप हो जाता है। मनोवैज्ञानिकों के अनुसार बच्चे मां-बाप के जितने पास रहते हैं, उनका मानसिक विकास तो संतुलित होता ही है, उनका शारीरिक विकास भी अच्छा होता है। छोटे बच्चों को जब भी मां अपने पास सुलाती हैं, तो वे सुख की नींद सोते हैं। इसके विपरीत जब बच्चे अकेले सोते हैं, तो वे बीच-बीच में जाग कर मां का ध्यान अपनी ओर आकर्षित करते हैं। यदि मां उन्हें स्नेहिल हाथों से नहीं थपथपाती, तो वे जाग जाते हैं।

बाल्यावस्था के बाद किशोरावस्था के बच्चे भी चाहते हैं कि अभिभावक उनकी मनोवैज्ञानिक इच्छाओं, अपेक्षाओं को जानें, पूरा करें। उनसे बातचीत करें। विचार-विमर्श करें। कैरियर के चुनाव में उन्हें सहयोग दें। स्कूल, पड़ोस अथवा मित्र-मंडली के संबंध में उनकी बातें जानें। उनकी छोटी-छोटी सफलताओं और उपलब्धियों की प्रशंसा करें।

दिनेश की लिखी और छपी कविता को जब उसके पिता ने समय देकर रुचि से पढ़ा, सराहा तो उसे बहुत अच्छा लगा। प्रतिदिन वह जो कुछ भी लिखता,

पिता को दिखाता। पिता द्वारा दिनेश के लेखन में रुचि लेने का परिणाम यह हुआ कि वह एक दिन प्रतिष्ठित कवि बन गया। आज उसके तीन काव्य संग्रह छप चुके हैं।

बच्चों का दृष्टिकोण समझें

बच्चे अपने मन की सारी बातें अभिभावकों को बताना चाहते हैं, लेकिन आधुनिक और बड़ा बनने की सोच और ललक ने अभिभावकों को इतना व्यस्त बना दिया है कि उन्हें यह देखने का समय ही नहीं मिलता कि उनके लड़के-लड़कियां क्या कर रहे हैं? क्या पढ़ रहे हैं? कहां जा-आ रहे हैं? उनके बच्चे घर से कितना जेब खर्च ले जा रहे हैं? उसका क्या उपयोग कर रहे हैं? पिता अपने कामों में इतने अधिक व्यस्त रहते हैं कि वे कई-कई दिनों तक अपने बच्चों से मिल ही नहीं पाते। मां अपनी सहेलियों या किटी पार्टियों में इतनी व्यस्त रहती हैं कि उन्हें बच्चों की ज़रूरतों को समझने का समय ही नहीं मिलता।

सरला सफेद शलवार-कमीज पहन कर अपने व्यक्तित्व को निखारना चाहती है जबकि उसके पिता हाई सोसायटी में रहना सिखाने के लिए स्लीवलैस स्कर्ट पहना कर जापानी गुड़िया बनाना चाहते हैं। दोनों के दृष्टिकोण और विचारों का यह अंतर दोनों को दूर-दूर बनाए रखता है। सरला के सोचने-समझने का तरीका पिता को फूटी आंख नहीं सुहाता। वह हमेशा उन्हें देहाती-गंवार कह कर बुलाते हैं। एक दिन सरला के पिता ही मुझसे बोले, "मैंने तो अब उससे कुछ कहना ही छोड़ दिया है...।" इसी के प्रत्युत्तर में सरला का विचार है, "पापा तो मुझे चाहते ही नहीं...।"

चरित्रवान पापा

देखने-सुनने और समझने में यह बात छोटा मुंह, बड़ी बात लगती है, लेकिन बच्चों के दिल पर इसका बड़ा प्रभाव पड़ता है। बच्चे यह अपेक्षा करते हैं कि उनके मम्मी-पापा चरित्रवान हों। एक-दूसरे के प्रति निष्ठावान हों। लोग उनके मम्मी-पापा को चरित्रवान समझें। पापा के इन्हीं गुणों के कारण समाज में उनकी प्रतिष्ठा हो, वे अपने पापा पर गर्व कर सकें। प्रारंभिक कक्षाओं में मैंने जब भी किसी लड़के के पापा के बारे में कुछ जानना चाहा, तो अच्छे पापा के कारण वे गर्व का अहसास कर उनके बारे में बताते। इसके विपरीत कुछ लड़के अपने पापा के कारण मन में हीनता का भाव लाते।

यह शाश्वत सत्य है कि बच्चों की इन जरूरतों को पापा के अलावा और

कोई दूसरा पूरा नहीं कर सकता। यही कारण है कि पितृविहीन बच्चे कहीं न कहीं अभिशप्त हो ही जाते हैं। बिगड़ैलपन भी इसी पितृविहीनता की देन है।

दूसरों के प्रति असम्मान के बीज न बोएं

बच्चे वही बिगड़ते हैं, जिन्हें अपने ही अभिभावकों से निराशा मिलती है। बच्चों पर गर्व करें और उन्हें अपनी अपेक्षा पर खरा उतरने के पर्याप्त अवसर प्रदान करें। बच्चों के सामने हमेशा दूसरों के प्रति असम्मान की कोई बातचीत या व्यवहार न करें। जब आप स्वयं अपने मित्रों, निकट संबंधियों, पड़ोसियों, सहकर्मियों के प्रति मान-सम्मान प्रकट करेंगे, अपनी कथनी और करनी में कोई अंतर न लाएंगे, तो कोई कारण नहीं कि बच्चे अपने से बड़ों का सम्मान न करें।

बच्चों से लाड़ करें, मगर जरा सोचकर

कुछ मनोवैज्ञानिकों का विश्वास है कि बच्चे अभिभावकों का लाड़-प्यार पाकर ही बिगड़ते हैं। उदाहरण देखें

"बीड़ी पिएगा...?" पांच-छः साल के बच्चे के मुंह पर अभिभावक ने बीड़ी लगा दी। बच्चा अपनी स्वाभाविक मुस्कान फैलाता हुआ सीखे हुए बंदर की तरह 'हां' में सिर हिलाने लगा। गोद में लिए हुए बच्चे की इस अदा को देखकर अभिभावक अति लाड़ प्रदर्शित करते हुए बच्चे के मुंह पर बीड़ी लगाने लगा। आसपास खड़े तमाशा देख रहे घर के अन्य लोग बच्चे को बीड़ी पीते देख हंसने लगे। पांच वर्ष का अबोध बच्चा भी हंसने लगा।

"पी जा मेरे शेर, आखिर बेटा किसका है...सरदार बलवीरसिंह..." और फिर बारह-तेरह वर्ष के किशोर बच्चे के हाथ में व्हिस्की का पैग थमा दिया। बड़ी शेखी से अपनी लाल हो आई आंखों को बच्चे की आंखों में डालते हुए बोला, "मैं तो अपने बच्चों को साथ बिठा कर पीता-पिलाता हूं। इसमें चोरी किस बात की...आजकल तो बड़े-बड़े डॉक्टर, इंजीनियर, जज, वकील, प्रोफेसर सभी तो पीते हैं...।"

"रश्मि, तुम मेरी यह बाजी खेलो, मैं अभी आती हूं। शायद कपूर साहब का फोन है। मुझे उनसे कुछ खास बातें करनी हैं। वैसे भी वे फोन को जल्दी कहां रखते हैं।" मां ने ताश के पत्ते युवा बेटी के हाथ में थमा दिए।

अति लाड़ और प्रगतिशीलता के ये तीनों दृश्य ऐसे मॉड परिवारों से संबंधित हैं, जिनके आचरण और सोच में यही कहा जा सकता है कि इस प्रकार का लाड़-प्यार अंततः बच्चों को बिगाड़ता ही है।

लाड़ के कारण बच्चों में पड़ी हुई ये आदतें उनमें मानसिक विकृतियां न पैदा करें, इसका ख्याल रखें। जब घर के लोग ही बच्चों से बीड़ी, तम्बाकू, पान, सिगरेट, गुटखे आदि मंगवाते हैं, तो ये बच्चे भी इन वस्तुओं का स्वाद अवश्य ले लेना चाहते हैं। चूंकि बच्चे परिवार के लोगों को ही अपना आदर्श मानते हैं, इसलिए वे स्वयं भी अपने आपको इन आदर्शों के अनुरूप बनाना-ढालना प्रारंभ कर देते हैं। यदि परिवार के इन सदस्यों का आचरण आदर्शों के प्रतिकूल होता है, तो उनकी भावनाओं को ठेस पहुंचती है। चूंकि बच्चों की भावनाएं अति कोमल होती हैं, इसलिए अभिभावकों को चाहिए कि वे लाड़-प्यार से ऊपर के भाव में बह कर ऐसा कोई काम या आचरण न करें, जो आप अपने बच्चों से नहीं कराना चाहते।

अति स्नेह अथवा लाड़ में आकर बच्चे की प्रत्येक गलती को बच्चा समझ कर अनदेखा करना उचित नहीं। इस प्रकार की लापरवाही का अर्थ है कि आप बच्चे को एक और गलती के लिए प्रोत्साहित कर रहे हैं।

बच्चों को कुछ सामान्य शिष्टाचार की बातें अवश्य सिखाएं, बताएं और समझाएं, ताकि वे इन बातों का पालन करें और अपने व्यक्तित्व में इनको व्यवहार में लाएं, जहां दो बड़े बैठ कर बातचीत कर रहे हों, वहां बच्चे न बैठें। यदि कोई मेहमान अथवा पास-पड़ोस का व्यक्ति घर में आता है, तो उसे औपचारिक अभिवादन करने के बाद वहां से स्वयं बाहर चले जाएं। यदि घर में और कोई नहीं है, तो उन्हें उचित स्थान देकर शिष्टता से यह पूछें कि किससे मिलना है। इस प्रकार की शिष्टता और शालीनता बच्चों को सभ्य बनाएगी। उनमें वैचारिक क्षमता बढ़ाएगी और आत्मीयता लाएगी। वे सामाजिक जीवन से जुड़ेंगे।

बच्चों के प्रति लाड़-प्यार को मूर्त रूप देने के लिए घर के लोगों को चाहिए कि वे घर आए मेहमानों, सह कुटुम्बियों और परिचितों से बच्चों का परिचय कराएं और उन बच्चों को भावनात्मक रूप से इन लोगों से जोड़े।

आप चाहे वैचारिक दृष्टि से कितने ही प्रगतिशील सोच वाले क्यों न हों, छोटे-बड़े के बीच एक मर्यादित दूरी अवश्य बना कर रखें। यह ठीक है कि जब बाप का जूता बेटे के पैर में आने लगता है, तो बेटा बाप का मित्र हो जाता है, लेकिन इसका यह अर्थ नहीं कि एक ही टेबिल पर दोनों 'पीने' लगें। इस प्रकार की प्रगतिशीलता से बेटे की करतूतें सिर चढ़कर बोलने लगती हैं। इसलिए सामाजिक वर्जनाओं और आदर्शों को स्वीकारें।

बाल्यावस्था के संस्कारों की देन है किशोरों का व्यवहार

जब कोई मुझसे बच्चे के बिगड़ने की शिकायत करते हुए कहता, ''सर सब कुछ करके देख लिया। इस लड़के ने तो हमें कहीं का नहीं छोड़ा। रिश्तेदारों की नजरों से भी गिरा दिया। किसी के सामने मुंह दिखाने लायक भी नहीं रखा...।''

इस प्रकार की शिकायतें करते समय शायद यह भूल जाते हैं कि ख़ुद इन्हीं अभिभावकों ने अति लाड़-प्यार में आकर कभी इन्हीं बच्चों की अनुचित फरमाइशों को केवल इसलिए पूरा किया था कि बच्चा है...। इन्हीं अभिभावकों ने अपने बच्चों की गलतियों को छिपाया था, अनुचित व्यवहारों पर पर्दा डाला था। अब जब बच्चों की वही बुरी आदतें और व्यवहार सिर चढ़ कर बोलने लगे हैं, तो अभिभावक परेशान हैं। उन्हें अपने बच्चों की ये आदतें और व्यवहार इतने अधिक अखरते हैं कि वे तंग आकर बच्चों को प्रताड़ित करते हैं, अपमानित करते हैं, यहां तक कि वे मारपीट कर बच्चों को सही रास्ते पर लाने की कोशिश में लग जाते हैं। लेकिन समस्या बढ़ती ही जाती है। बच्चे बिगड़ते चले जाते हैं।

ऐसे अभिभावकों को अपनी सोच का मूल्यांकन अपने स्तर पर करके इस निष्कर्ष पर पहुंचना चाहिए कि उन्होंने बाल्यावस्था के बदलते संवेगों पर कितना ध्यान दिया है। प्रताड़ित करने से तो बच्चा विद्रोही हो जाता है और वह घर से पलायन करने की सोचने लगता है। इस प्रकार की सोच मन में आते ही बच्चे अनुशासनहीनता करने लगते हैं और मौका पाते ही घर से भाग जाते हैं। एक अनुमान के अनुसार प्रतिवर्ष लगभग एक लाख किशोर घर से भागते हैं। घर से भागने वाले अस्सी प्रतिशत बच्चे अभिभावकों द्वारा प्रताड़ित अथवा अपमानित होते हैं।

बच्चों के प्रमुख संवेग निम्न प्रकार के होते हैं, जो अवस्था, स्थिति और अभिभावकों के सहयोग के साथ परिवर्तित होते रहते हैं। उनके प्रभाव में अंतर आता रहता है। भय, क्रोध, ईर्ष्या, प्रेम, घृणा आदि बच्चों की मानसिकता को प्रभावित करते रहते हैं। इसलिए बाल्यावस्था में बच्चों को परिवार में ऐसे संस्कार दिए जाएं, जिनसे उनके संवेगों को रचनात्मक दिशा मिल सके। गलत संस्कारों में सुधार किया जा सके। इस प्रकार से संवेगों का यह मार्गान्तरण बच्चों में बिगाड़ की स्थिति निर्मित न होने देगा।

बाल्यावस्था संस्कार देने की अवस्था

बच्चों को संस्कारवान बनाने के लिए बाल्यावस्था में ही संस्कारों की नींव डालें। हर माता-पिता की इच्छा होती है कि उसका लाडला बड़ा होकर उसका नाम रोशन

करे। उसके बुढ़ापे का सहारा बने, लेकिन यह तभी संभव है, जब बाल्यावस्था से ही उसमें प्रभावशाली सामाजिक संस्कार डाले जाएं। मां बालक की प्रथम गुरु समझी जाती है। अतः संस्कार डालने का दायित्व पिता के साथ-साथ मां का भी होता है। इतिहास साक्षी है कि जब भी मां ने बेटे में अच्छे संस्कार डाले हैं, तब-तब बच्चों ने योग्य बनकर परिवार का नाम रोशन किया। यदि आप बच्चों में कुछ अच्छे संस्कार डालना चाहते हैं, तो प्रारंभ में इतना अवश्य करें कि वे स्वावलंबी और अनुशासनप्रिय बनें। इसके लिए आप बच्चे को विश्वास में लेकर व्यावहारिक सोच अपनाएं और–

1. उसकी योग्यता, प्रतिमा और क्षमता में विश्वास व्यक्त कर उसे अपने स्तर पर काम करने, सोचने-समझने का अवसर दें।
2. उसके अच्छे कार्यों, व्यवहारों, उपलब्धियों, प्रयासों की प्रशंसा करें, ताकि उसमें काम करने की ललक, इच्छा और उत्साह हमेशा बना रहे।
3. उसकी किसी अज्ञानता का मजाक न उड़ाएं, बल्कि उससे संबंधित अन्य बातों की जानकारी दें, ताकि उसके चिंतन को सफलताओं का खुला आकाश मिले।
4. बच्चों को जोर-जोर से पढ़ने और बोल-बोल कर सुंदर लिखने के लिए प्रेरित करें।
5. तनावों से घिरे बच्चों के साथ हमेशा सहानुभूति से पेश आएं और उन्हें सांत्वना दें।
6. बच्चों के साथ कभी भी संवादहीनता की स्थिति निर्मित न होने दें। जिस प्रकार ठहरा हुआ पानी सड़ जाता है, ठीक उसी प्रकार बच्चों और अभिभावकों के बीच संवादहीनता का व्यवहार बच्चों की मानसिकता और सोच को पंगु कर देता है। मां-बाप और बच्चों में सरसता और जुड़ाव के सारे स्रोतों को बंद कर देता है।
7. बच्चों पर अनुशासन थोपने के बजाए, उन्हें स्वयं अनुशासन स्वीकारने के लिए प्रेरित करें। "कान खोल कर सुन ले," "चुल्लू भर पानी में डूब मर," "दफा हो जा मेरी आंखों के सामने से" जैसी चेतावनी भरी कर्कश बातें बच्चों से भूल कर भी न करें।

घर पर दें अनुशासन के संस्कार

भाग-दौड़ की व्यस्तता भरे जीवन में आजकल अभिभावकों को इतना समय नहीं मिलता कि वे बच्चों को पर्याप्त समय दें, उन पर पूरी नजर रखें। इसके बाद

भी इतना तो अवश्य करें कि परिवार के सभी सदस्यों में परस्पर प्रेम और सहयोग की भावना विकसित हो। उन्हें घर और सामाजिक जीवन में अनुशासन के तमाम संस्कार दिए जाएं।

अनुशासन से हमारा आशय केवल इतना ही है कि बच्चे माता-पिता के निर्देशानुसार कार्य करें, लेकिन पारिवारिक जीवन में बच्चों का आचरण ठीक इसके विपरीत होता है। अनुशासन व्यक्ति के व्यक्तित्व का एक ऐसा आभूषण है, जिसे वह चाहे जहां और चाहे जिस पोशाक के साथ पहन सकता है। इसलिए अभिभावक बच्चों को समझाने, झिड़कने यहां तक कि कभी-कभी धमकाने तक का कार्य करते हैं। अनुशासन के दायरे में बच्चों को लाने के लिए कभी-कभी कुछ और उपाय भी किए जाते हैं। लेकिन इन सब उपायों के बाद भी बच्चों पर न तो अनुकूल प्रभाव पड़ता है, और न ही वे अनुशासन के प्रति गंभीरता बरतते हैं। वास्तव में अनुशासन स्थापित करने में अभिभावकों के ये सारे उपाय अनावश्यक ही हैं। बच्चों का स्वास्थ्य, प्रकृति, रुचि, खान-पान, वातावरण, सोच, जीवन के प्रति आदर्श आदि इतने भिन्न-भिन्न होते हैं कि बच्चों पर एक जैसे नियम लागू हो ही नहीं सकते। इसलिए बच्चों से अनुशासनहीनता का रोना मनोवैज्ञानिक व्यवहार नहीं है। इस विषय में अभिभावकों को भी तब तक कोई पहल नहीं करनी चाहिए, जब तक कि वे बच्चों की आदतों, इच्छाओं और परिस्थितियों से भली भांति परिचित न हों।

मनोवैज्ञानिकों के अनुसार बच्चों पर घर में अनुशासन लादने का कोई भी प्रयास उन्हें सुधार नहीं सकता, क्योंकि बच्चों की प्रकृति को जाने बिना उन्हें सुधारने के प्रयास न केवल उन्हें उद्दंड, क्रोधी, प्रतिशोधी, भीरु और उच्छृंखल बनाते हैं, बल्कि उनके व्यक्तित्व को भी कुंठित करते हैं। घर में बच्चों के बिगड़ने के बीज किस प्रकार से अंकुरित होते हैं, इसका यहां एक उदाहरण ही पर्याप्त होगा—

नीले रंग का छोटा-सा खुशबूदार लिफाफा, उसके साथ चमकता हुआ एक रुपए का सिक्का आठ वर्षीया नेहा के हाथ पर रखते हुए मम्मी ने कहा, "इसे पड़ोस के अंकल को दे आ और देख इसे और किसी को मत देना।" आठ वर्षीया नेहा की आंखों में आज्ञाकारी शिष्या का भाव था। मां ने लिफाफा नेहा के हाथों में दबाते हुए कहा, "देख, अंकल तुझे कोई कागज या लिफाफा दें, तो मुझे ही लाकर देना।" और एक टॉफी नेहा की हथेली पर रख दी।

घर से मिले हुए ये संस्कार बच्चों की मानसिक सोच को कितना विकृत करते हैं, इसका अनुमान किसी अभिभावक को नहीं होता, फिर बच्चों से कराए

जाने वाले ये ऐसे गलत कार्य हैं, जिन्हें अभिभावक यह सोचकर कराते हैं कि बच्चा नासमझ है। जबकि वस्तु स्थिति यह है कि बच्चा सब कुछ समझता है। क्या बच्चा यह नहीं समझता कि वह जो पत्र अंकल, आंटी अथवा दीदी के लिए ले जा रहा है उसमें ज़रूर घपला है, तभी तो छिपाया जा रहा है।

मेहनत, ईमानदारी, साधनों और संबंधों की पवित्रता आदि संस्कार घर की देन होते हैं। आप भी बच्चों के दिमाग में यह बात अच्छी तरह से बिठा दें कि ईश्वर हमें हमेशा अच्छाई के मार्ग पर चलने की शक्ति, प्रेरणा और साहस देता है, बुराइयों से बचाता है, इसलिए ईश्वर को हमेशा ध्यान में रखें।

पड़ोस से मिली मानसिक विकृतियां

कभी-कभी अभिभावक बच्चों से कुछ गलत काम, जैसे पड़ोस के घरों में ताक-झांक आदि यह सोचकर कराते हैं कि बच्चा उसके अर्थ को नहीं समझता है, जबकि बच्चे सब कुछ समझते हैं।

जैसे कि यदि आप पड़ोस की आंटी की कुछ बातें कुरेद-कुरेद कर बच्चों से पूछते हैं, तो बच्चों को भी मजा आता है। वे कुछ बातों के साथ-साथ आपको ऐसी बातें भी बता कर आपके प्रिय बने रहना चाहते हैं, जो आपकी रुचि की हैं अथवा जो आपको अच्छी लगती हैं। कहने का आशय यह है कि बच्चों से जासूसी कराने जैसे व्यवहार बच्चों को समय से पहले ही बड़ा बना देते हैं और वे फिर इन व्यवहारों को अपने ऊपर ही लागू करने लगते हैं। जबकि सच तो यह है असलियत का पता लगते ही बच्चों में हीन भावना आ जाती है, वे अपने आपको इन कार्यों के लिए अपराधी और गुनाहगार पाते हैं। वे अपने इन व्यवहारों के लिए अपने आपको हमेशा दोषी समझते रहते हैं और अपराधबोध से मुक्त नहीं हो पाते।

इस सच को भी जान लें कि बच्चों की पारखी सोच बड़ी पैनी होती है। वे आपकी आंखों की भाषा भी सरलता से पढ़ लेते हैं। चूंकि आप उन्हें प्रलोभनों से प्रभावित करते हैं, इसलिए वे जान कर भी अनजान बन आपकी अनुचित इच्छाएं पूरी करते रहते हैं, लेकिन यह स्थिति हमेशा नहीं बनी रहती और सच का आभास होते ही स्थिति या तो विस्फोटक हो जाती है या फिर आपका बना-बनाया खेल बिगड़ जाता है और दोनों ही स्थितियों में बच्चों की मानसिकता विकृत होती है। कभी अपने किए हुए कार्यों पर और कभी इन कार्यों के कारण मन में उपजी हीनता के कारण। अपराधबोध की यह हीनता उसे घर से और अपनों से दूर कर देती है।

घर और पड़ोस से शुरू हुआ इस प्रकार का बिगाड़ बच्चों को अनेक विषम परिस्थितियों, समस्याओं और उलझनों में डाल देता है। यहां तक कि अपनी इस सोच के कारण ही बच्चे दब्बू, भीरु, एकांतप्रिय होकर ब्लैकमेल का शिकार होते हैं। अनेक प्रकार की हीनताओं से घिर कर असफलता का मुख देखते हैं।

मित्र-मंडली

घर से निकल कर बच्चा स्कूल में अन्य साथी बच्चों के संपर्क में आकर उनसे जुड़ता है। कक्षा में साथ-साथ बैठना, बोलना, कभी-कभी कुछ खाना, खेलना, हंसना आदि व्यवहारों के कारण उनमें परस्पर मैत्री भाव पैदा होते हैं। स्कूल में कक्षा के अंदर और कक्षा के बाहर, गली-मोहल्ले में बच्चों का अधिकांश समय उनके मित्रों के साथ व्यतीत होता है। इस संपर्क में चरित्र की अनेक बातें साथी बच्चों पर प्रभाव डालती हैं। ये बातें और व्यवहार ही जब अच्छे लगते हैं, तो उनमें मैत्री भाव पैदा होते हैं। वे ऐसे साथी बच्चों का संपर्क पाकर प्रसन्न होते हैं, जिनकी बातें उन्हें अच्छी लगती हैं। ऐसे बच्चे यदि अच्छे चरित्र, अच्छे संस्कारों वाले अच्छे परिवारों के होते हैं, तो ये मैत्री संबंध भी प्रगाढ़ होते हैं, विकसित होते हैं।

हीन भावनाओं के कारण कुछ बच्चे संकोची हो कर पीछे की बेंचों पर बैठने लगते हैं। ऐसे बच्चे दब्बू, एकांतप्रिय हो जाते हैं और स्कूली जीवन में भी अच्छे मित्रों से वंचित रह जाते हैं। मित्रों का होना बच्चों के व्यक्तित्व विकास की एक अनिवार्य आवश्यकता है, क्योंकि मित्र का साथ पा जाने के बाद बच्चे का मानसिक विकास तीव्र गति से होने लगता है। उसमें विषम परिस्थितियों में भी समन्वय करने की शक्ति आ जाती है, उसका मनोबल बढ़ने लगता है।

मनोवैज्ञानिकों का मत है कि बच्चे के आंतरिक और बाहरी व्यक्तित्व विकास के लिए मित्रों का होना नितांत आवश्यक है। वास्तव में साथी बच्चों का साथ पाकर उसके व्यक्तित्व में निखार आता है। बच्चे साथी मित्रों के व्यक्तित्व को तराशने का काम करते हैं। बच्चों में प्रतिस्पर्द्धा की भावना पैदा होती है, जो उन्हें निरंतर आगे बढ़ने की प्रेरणा देती है। बच्चों का सामाजिक विकास होता है, साथी मित्रों का संपर्क तनावों से मुक्त रखता है और मानसिक संतुष्टि का अहसास कराता है। उन्हें परिवार और समाज के प्रति निष्ठावान बनाए रखता है। पारिवारिक संबंधों के प्रति आस्था और निष्ठा भरपूर मित्र-मंडली ही बनाती है। सच तो यह है कि मित्र ही उसे मानवीय गुणों का खुला आकाश देते हैं। इसलिए अभिभावकों को चाहिए कि बच्चों के मित्र बनवाने में भी वे प्रत्यक्ष और अप्रत्यक्ष रूप से अवश्य ही सहयोगी बनें।

अच्छे मित्र बच्चों के वर्तमान और भविष्य को सजाते-संवारते हैं। उसी प्रकार से अमीर मित्रों की मित्रता बच्चों के भविष्य को बिगाड़ती है। स्कूली जीवन में कभी-कभी जाने-अनजाने में मध्यवर्गीय घरों के बच्चों की मित्रता धनी परिवार के बच्चों से हो जाती है या फिर वे स्वयं ही ऐसे बच्चों से मित्रता पाने की इच्छा करने लगते हैं। इस प्रकार की मित्रता से मध्यवर्गीय परिवारों के बच्चे बड़े लोगों के बच्चों के रहन-सहन, उनकी घड़ी, महंगी टाई, गॉगल्स, कार, जूते, पर्स में रखे नोटों आदि से इतने आकर्षित होते हैं कि उनके मन में जहां इन बच्चों को मित्र बनाने की बातें आने लगती हैं, वहीं वे अपने आप में हीनता पालने लगते हैं। ऐसे बड़े लोगों के बच्चों को देखकर मध्यवर्गीय परिवारों अथवा निम्न वर्गीय परिवारों के बच्चों को अपनी जिंदगी हीन लगने लगती है। भावनाओं की यह हीनता ऐसे बच्चों को मन-ही-मन दुखी करने लगती है। वे पारिवारिक उपेक्षा अथवा अन्य कारणों से मानसिक रूप से असंतुष्ट, विद्रोही और गुस्सैल बनने लगते हैं।

मध्यवर्गीय परिवारों के बच्चे कभी-कभी इन अमीर मित्रों की बराबरी करने के लिए झूठ, दिखावे, शेखी आदि का सहारा लेते हैं और दूसरी ओर बड़े घरों के बच्चे अपनी झूठी प्रशंसा और बॉसपन पा कर घमंडी और दंभी बन जाते हैं।

वास्तविकता यह है कि बड़े लोगों से बराबरी करने के चक्कर में मध्यवर्गीय घरों के लड़के अपने अभिभावकों से अधिक जेब खर्च की मांग करते हैं और फिर जब इन खर्चों की पूर्ति नहीं हो पाती, तो घर से ही चोरी अथवा हेरा-फेरी करने लगते हैं। बात जब बिगड़ने लगती है, तो ये बच्चे अपनी इस हीन अवस्था के लिए अपने ही मां-बाप को कोसते हैं, लड़ते-झगड़ते हैं, और अंत में पटरी से उतर कर अपने इन धनी मित्रों के पिछलग्गू बन जाते हैं। उनकी 'कृपा' पर पलने लगते हैं। वे अपने इन मित्रों का उपयोग अपने प्रभाव को बढ़ाने, अपने सर्वस्व को बनाए रखने के लिए करते हैं। यहां तक कि कभी-कभी ये बड़े लोग अपने इस प्रकार के मित्रों का उपयोग गलत कामों के लिए भी करने लगते हैं।

हर्ष के साथ कुछ ऐसा ही हुआ। सोनू की मित्रता पाते ही हर्ष का रंग-ढंग बदलने लगा। वह कभी सोनू के कपड़े पहनता तो कभी सोनू की घड़ी। शीघ्र ही साथी मित्र उसे सोनू का चमचा कह कर चिढ़ाने लगे। बात सही थी, इसलिए कुछ दिनों तक तो वह सुनता-सहता रहा, लेकिन उस दिन उसकी आंखें खुलीं, जब दोस्तों के सामने सोनू ने उसे केवल इसलिए डांट दिया कि उसने सोनू के

कहने पर भी कक्षा की लड़की सोनिया की बाइक की हवा निकालने के लिए मना कर दिया। सोनू भला इतनी सी बात कैसे सहन करता! वह आगबबूला हो उठा, ''हमारी बिल्ली हमसे ही म्याऊं...तेरी इतनी हिम्मत...दो पैसे का आदमी, तू इतनी जल्दी अपनी औकात भूल गया, अहसान फरामोश कहीं का...।''

साथी मित्रों के सामने भला हर्ष इतना अपमान कैसे सहन करता, ''देख लूंगा।'' कह कर सोनू से बदला लेने के लिए अपनी शक्ति बढ़ाने लगा।

आशय यह है कि स्कूल-कॉलेजों में इस प्रकार के लड़के गुटबाजी के शिकार होकर न केवल अपना भविष्य बिगाड़ते हैं, बल्कि मित्रता के नाम पर साथी लड़कों का भविष्य भी बिगाड़ते हैं। इसलिए ऐसे अमीर बाप के बेटों की दोस्ती पाने के लिए लालायित न हों। न ही उनके इशारों पर नाचें।

गांव-कस्बों से लड़के जब शहरों के स्कूल-कॉलेजों में प्रवेश पाते हैं, तो उनका अधिकांश समय अपने ऐसे ही मित्रों के साथ व्यतीत होता है। कभी-कभी ये लड़के अपने बॉस मित्र की कमजोरियों से भी परिचित होकर उनसे लाभ उठाने की सोचते हैं। दादा किस्म के लड़कों की ये कमजोरियां धूम्रपान से प्रारंभ होकर ड्रग्स तक हो सकती हैं। बड़े घरों के लड़के अपनी कमजोरियों को छिपाने के लिए इन साथी मित्रों को भी गुमराह करने लगते हैं। उन्हें अपनी गाड़ी में घुमाना, होटल में चाय-कॉफी पिलाना या फिर बीयर पार्टी देना इनके शग़ल बन जाते हैं। बस छात्र बच्चों को बिगड़ने के लिए इससे अधिक क्या चाहिए।

यदि इन बच्चों को राजनीतिक संरक्षण मिल जाता है, तो इन बिगड़ैल लड़कों की स्थिति नीम चढ़े करेले जैसी हो जाती है, क्योंकि नेताओं को भी भीड़ जुटाने के लिए इन्हीं बिगड़े बच्चों की आवश्यकता होती है। राजनीतिकों का संरक्षण पाकर ये बिगड़ैल बच्चे बेखौफ होकर नित्य नई-नई करतूतें करते जाते हैं और इस तरह अपराध के प्रति इनका डर खत्म हो जाता है और अपराध करने की प्रवृत्ति बढ़ती जाती है।

स्कूली गतिविधियों पर नजर रखें

घर से निकल कर बच्चा स्कूल पहुंचता है। 6 से 18 वर्ष तक के बच्चों का अधिकांश समय स्कूल में व्यतीत होता है। स्कूल वह संस्कार स्थली है, जहां बच्चों को नए लड़कों, लड़कियों, मित्रों, शिक्षकों से समन्वय करना पड़ता है। बच्चों का सामना कई बार ऐसे शिक्षकों या लड़कों से हो जाता है, जो उनके व्यक्तित्व को प्रभावित करते हैं। बच्चों को बनाने-बिगाड़ने के इस व्यवहार में स्कूलों की बड़ी भूमिका है। इसलिए अभिभावकों को अपने बच्चों के संबंध में स्कूली गतिविधियों पर

नजर रखने की बड़ी आवश्यकता है, क्योंकि जिन स्कूलों को हम व्यक्तित्व बनाने का दायित्व सौंपते हैं, वहां ही कभी-कभी बच्चों के व्यक्तित्व को बिगाड़ने की परिस्थितियां भी बन जाती हैं।

यह सच है कि हर व्यक्ति के जीवन का लगभग छठवां भाग स्कूल में व्यतीत होता है। इसे जीवन के निर्माण का समय भी कहा जाता है। वास्तव में जीवन का यह सर्वोत्तम समय होता है, क्योंकि व्यक्ति जो भी बनता है, उसकी नींव इस समय में ही रखी जाती है। इस समय में पड़ी हुई आदतें, संस्कार और व्यवहार उसके संपूर्ण जीवन को प्रभावित करते हैं।

प्राथमिक कक्षाओं के बच्चों का इस अवस्था में जो शारीरिक और मानसिक विकास होता है, उसका प्रभाव बच्चे के वर्तमान और भविष्य पर पड़ता है। इस अवस्था में ही उसे अच्छे लड़कों की दोस्ती मिल जाती है और अच्छे अध्यापकों का सहयोग भी मिल जाता है। इन अच्छे अध्यापकों का स्नेहिल और आत्मीय व्यवहार बच्चों की अभिरुचियों को विकसित करने में सहयोगी बनता है, वहीं यदि बच्चों को कक्षा के लड़कों का सहयोग, मैत्री भाव और अध्यापकों का सहयोग, स्नेह और प्रोत्साहन नहीं मिलता, तो उनकी अभिरुचियों में निष्क्रियता आ जाती है। वे पढ़ाई-लिखाई में पिछड़ने लगते हैं। कक्षाओं से भागना और भाग कर आवारा फिरना इनकी आदत बन जाती है। कक्षाओं से पलायन करने वाले ऐसे बच्चे जातिगत, आर्थिक और सामाजिक हीनता से ग्रसित होने लगते हैं। हीनता का यह भाव ही उनमें द्वेष भावना और ईर्ष्या के रूप में प्रकट होने लगता है, जो इन्हें न केवल बिगाड़ता है, बल्कि ऐसे बच्चे ही अपराधों की ओर बढ़ने लगते हैं।

स्कूलों में बच्चों की भीड़ में बहुत कम बच्चे ही अध्यापकों की निकटता पाते हैं। अध्यापकों की यह उदासीनता बच्चों की प्रतिभा को प्रभावित करती है। यदि अध्यापक बच्चों में रुचि लेते हैं, उन पर व्यक्तिगत रूप से नजर रखते हैं, तो बच्चे ज़रूर आगे बढ़ते हैं, जबकि आजकल स्कूलों में इस बात का अभाव है, यही कारण है कि बच्चों और अध्यापकों में भावनात्मक संबंध स्थापित हो ही नहीं पाते।

शिक्षा के व्यवसायीकरण का प्रभाव सीधे रूप में बच्चों पर पड़ा है। ऊंची-ऊंची फीसें, शिक्षा के नाम पर साधन संपन्नता, फैशन, ग्लैमर और दून संस्कृति के प्रभाव ने बच्चों की मानसिकता को इतना अधिक प्रभावित किया है कि आर्थिक रूप से संपन्न बच्चे सरकारी स्कूलों से नाक-भौं सिकोड़ने लगे हैं। स्कूली अनुशासन के प्रति उनकी निरंतर बढ़ती नाराजगी उन्हें स्कूलों से दूर

कर रही है। सरकारी स्कूलों की स्थिति खैराती अस्पतालों जैसी हो गई है। जहां आकर बच्चे प्रसन्न नहीं अप्रसन्न होते हैं।

चूंकि शिक्षा अब अमीर-गरीब वर्गों में विभाजित हो गई है, इसलिए स्कूल संबंधी सारी व्यवस्थाएं ही बदल गई हैं। उधर अध्यापकों में भी अपने छात्रों के प्रति वे भाव नहीं रहे, जो विद्यार्थियों को संस्कारवान बनाते थे। अतः स्कूलों का वातावरण दिनोंदिन नीरस, उबाऊ और आकर्षण विहीन होता जा रहा है। अध्यापक और विद्यार्थी दोनों ही एक-दूसरे को स्वीकार नहीं करते। यही कारण है कि जहां बच्चों के भविष्य को सजना-संवरना चाहिए था, वहीं वह अपेक्षित ध्यान के अभाव में बिगड़ रहा है। अनेक प्रयासों के बाद भी स्कूली जीवन में छात्रों की समस्याएं बढ़ रही हैं। समाज जिस प्रकार अमीर-गरीब के वर्गों में बंट गया है, शिक्षा और स्कूल भी इन्हीं वर्गों में बंट गए हैं। व्यावहारिक संस्कारों के अभाव में इन स्कूलों में छात्रों की नकारात्मक सोच ही अधिक विकसित हो रही है। सच तो यह है कि संस्कार विहीन शिक्षा आज अधिक सुलभ है।

विद्यालय जाने के लिए इन छात्र-छात्राओं को एक लंबा रास्ता पैदल, बस, स्कूटर अथवा साइकिल से पार करना पड़ता है। रास्ते में उनका ध्यान चौराहों पर लगे अश्लील फिल्मी पोस्टरों पर जाता है। साथी लड़कों-लड़कियों से इस विषय पर बातचीत करते हैं। इस प्रकार की बातचीत से बच्चों की यौन भावनाएं उभरती हैं। वे इस बारे में और अधिक जानने के प्रयास करते हैं, जो उन्हें पढ़ाई-लिखाई से दूर करता है।

स्कूल अथवा स्कूल के रास्ते में ही उन्हें कक्षा के अथवा अपने से बड़ी कक्षा के छात्रों की दादागीरी भी सहनी पड़ती है। रेगिंग के नाम पर वरिष्ठ कक्षाओं के लड़के-लड़कियां अपने से छोटी कक्षाओं के नए लड़कों और लड़कियों को इतना आतंकित करते हैं कि स्कूल, शिक्षा और शिक्षकों से घृणा होने लगती है। ऐसे लड़के या तो स्कूल छोड़ कर भाग जाते हैं, या फिर सेर का सवा सेर बन कर उन्हीं बिगड़ैल लड़कों में शामिल हो जाते हैं, जिनका वर्चस्व पहले ही है।

विपरीत सेक्स का आकर्षण

दक्षिण दिल्ली के पुलिस सह आयुक्त आमोद कंठ के अनुसार बच्चों के बिगड़ने के तीन कारण हैं—पैसा, लड़की के प्रति आकर्षण और पारिवारिक विवाद। इनमें से लड़कियों के प्रति आकर्षण स्कूली जीवन से ही प्रारंभ हो जाता है। लड़के-लड़कियों में किशोरावस्था में ही विपरीत सेक्स के प्रति आकर्षण उनकी आंखों में सहज

रूप में उभरने लगता है। यह आकर्षण ही कभी स्कूल की किसी लड़की या कभी-कभी कक्षा की मिस के प्रति भी पनपने लगता है।

राजकपूर ने अपनी फिल्म 'मेरा नाम जोकर' में किशोर मन की इन भावनाओं को बड़े ही स्वाभाविक रूप से प्रस्तुत कर प्रमाणित कर दिया कि किशोर मन की यौन भावनाओं को सामाजिक वर्जनाओं के बंधन भी नहीं रोक पाते। अपनी ही 'टीचर' के प्रति उमड़ता यौन आकर्षण किसी एक लड़के की कमजोरी नहीं, बल्कि स्कूल-कॉलेजों में पढ़ रहे ऐसे हजारों 'राजू' हैं जिनकी यौन भावनाएं स्कूल की छात्राओं पर इतनी अधिक उमड़ने लगती हैं कि वे उनकी कल्पनाओं में खो जाते हैं और एकांत पाते ही उनकी ये भावनाएं रंग लाती हैं, जिसके लिए वे कुछ भी करने के लिए विवश हो जाते हैं। इस विषय में मनोवैज्ञानिकों का विचार है कि एकांत पाकर किशोर मन की यौन ग्रंथियां सक्रिय हो जाती हैं और उनसे होने वाला स्राव उन्हें कुछ नया, अनोखा और रोमांचकारी करने के लिए प्रेरित करने लगता है।

स्कूलों में पढ़ने वाले अधिकांश लड़के-लड़कियों में यौन भावनाएं पैदा होती हैं, जिन्हें यदि उचित दिशा न मिले, तो ये भावनाएं ही उनमें बिगाड़ पैदा करती हैं। इसलिए स्कूल के प्रति अभिभावकों की सोच व्यावहारिक होनी चाहिए।

स्कूल का वातावरण, स्कूल का आकर्षण बच्चों को चरित्रवान अनुशासित और महत्वांकाक्षी बनाता है। जिन विद्यालयों में साधनों का अभाव रहता है, वहां का वातावरण बच्चों को आकर्षित नहीं कर पाता, ऐसे विद्यालयों के बच्चे स्कूल

अथवा कक्षा से भाग कर अपना स्कूली समय गलियों-बाजारों, सिनेमा के आसपास पार्कों अथवा रेलवे स्टेशन आदि पर बिताते हैं, जहां इन्हें असामाजिक लोग आकर्षित कर लेते हैं। इस प्रकार का आकर्षण बच्चों को बिगाड़ने के लिए प्रेरित करता है।

पढ़ाई-लिखाई में पिछड़े बच्चे घर और घर के बाहर मानसिक तनावों में रहते हैं। लड़-झगड़ कर वे अपने इस तनाव को कम करना चाहते हैं, जबकि लड़ाई-झगड़े का यह व्यवहार उन्हें और अधिक बिगाड़ देता है।

स्कूलों से पलायन करने वाले बच्चे उन बिगड़ैल बच्चों का साथ पा जाते हैं, जो पहले से ही पढ़ाई-लिखाई में पिछड़े हुए होते हैं। ऐसे कुंठित और बिगड़े हुए बच्चे इन्हें बीड़ी-सिगरेट पीना सिखा देते हैं। गुटखा खाने की आदत डाल देते हैं। घर से पैसे चुराने अथवा हेरा-फेरी करने की कला सिखा देते हैं। झूठ बोलना, बहानेबाजी करना, लड़कियों को छेड़ना आदि आम बातें हो जाती हैं। ऐसे लड़कों का जो समय स्कूल अथवा घर में पढ़ने-लिखने में व्यतीत होना चाहिए, उस समय को ये ताश खेलने आदि में व्यतीत करने लगते हैं।

ऐसे किशोर बच्चे अपनी यौन भावनाओं की संतुष्टि के लिए दीवारों पर अश्लील बातें लिखने लगते हैं, चित्र बनाने लगते हैं। यहां तक कि अवसर मिलने पर लड़कियों के साथ अश्लील छेड़छाड़ में अपनी बहादुरी समझते हैं। गलियों में आवारा फिरते ऐसे बच्चे अन्य बच्चों के साथ छोटे-मोटे अपराध करने लगते हैं और फिर धीरे-धीरे बड़े अपराधियों के इशारों पर हाथ की सफाई दिखाने लगते हैं। इस प्रकार से उनका प्रारंभिक अपराधी जीवन व्यतीत होने लगता है।

आशय यह है कि जब किशोर बच्चों की यह अवस्था स्कूल अथवा कक्षा में नहीं बीतती, तो ऐसी जगह पर व्यतीत होती है, जहां उसे भरपूर मजा मिलता है। यौन संतुष्टि के लिए ऐसे बच्चे ही हस्तमैथुन करने लगते हैं, या फिर समलिंगी मैथुन की ओर आकृष्ट हो जाते हैं। इस अवस्था के लड़के ही नहीं, कुछ लड़कियां भी सामाजिक और पारिवारिक संरक्षण, प्रोत्साहन पा कर किशोरावस्था में ही कुछ ऐसे अपराध अथवा गैरकानूनी हरकतें करने लगती हैं, जो देश के कानून और व्यवस्था के लिए गंभीर चुनौती बन जाता है।

तूफानी परिवर्तनों की अवस्था

मनोविज्ञान के अनुसार किशोरावस्था बड़े उत्साह, उमंग और रंगीन कल्पनाओं की कच्ची उम्र होती है। कुछ लोग इसे तूफानी परिवर्तनों वाली अवस्था कह कर भी इस उम्र के बच्चों के साथ स्नेहिल और आत्मीय व्यवहार की सलाह देते हैं।

किशोरावस्था के लड़के-लड़कियां बड़े महत्वाकांक्षी होते हैं। सिनेमाई संस्कृति, फैशन, डिस्को, डांस, पार्टियां और ग्लैमर की चमक-दमक, टी.वी. तथा भोगवादी हाई-फाई संस्कृति और भौतिक सुख-सुविधाओं के कारण इनकी इच्छाएं, आकांक्षाएं बढ़ी हैं। अभाव सहन करना अथवा अभावों में रहना इन्हें पसंद नहीं, क्योंकि अभिभावकों के लाड़-प्यार ने इन्हें कभी अभावों का अहसास ही नहीं होने दिया और न ही अभिभावकों ने इन किशोरों को जीवन की कठोर वास्तविकताओं से ही परिचित कराया। इसलिए किशोरावस्था के बच्चे प्रायः दिवास्वप्नों में जीने के आदी हो जाते हैं।

किशोरावस्था के बच्चों के बारे में अभिभावकों की सोच भी वर्तमान से मेल नहीं खाती। वे हमेशा अतीत की बातें सोच-सोच कर अपने इन किशोरों से भी उसी प्रकार की अपेक्षाएं करते हैं, जबकि अतीत तो मरा हुआ होता है और बच्चे वर्तमान और भविष्य में जीना चाहते हैं। परस्पर सोच के इस अंतर के कारण किशोरावस्था के लड़के-लड़कियों और अभिभावकों के बीच खींचतान और नोंक-झोंक होती रहती है।

मित्र-मंडली और स्कूली गतिविधियों के परिप्रेक्ष्य में यह बात खुल कर सामने आई है कि किशोरावस्था को प्राप्त लड़के-लड़कियां सहज-सरल व्यवहारों से हट कर कुछ इस प्रकार के आचरण-व्यवहार करते हैं कि अभिभावकों को लगता है कि उन्हें नए जमाने की हवा लग गई है। वे किशोरावस्था के अपने इन बच्चों की विचित्र क्रियाओं पर कुछ अधिक ही ध्यान देने लगते हैं।

किशोरावस्था में अभिभावकों और बच्चों में पटरी मेल न खाने के अन्य अनेक कारणों में एक कारण यह भी है कि दोनों ही परस्पर समन्वय करना ही नहीं चाहते।

तीव्र यौनाकर्षण की अवस्था

विपरीत सेक्स के प्रति स्वाभाविक आकर्षण इस उम्र की सबसे बड़ी विशेषता होती है। लड़के-लड़कियों में जनन हारमोंस के सक्रिय हो जाने के कारण किशोरावस्था में भावनाओं का आवेश बहुत तीव्रता से भड़का हुआ होता है। मानसिक परिपक्वता के अभाव में कच्ची उम्र की इन भावनाओं को भड़काने में हमारी फिल्में और टी.वी. सीरियल आग में घी का काम कर रहे हैं। किशोर मन का भटकाव लड़के-लड़कियों को पथ भ्रष्ट कर रहा है। जहां तक इस उम्र के लड़के-लड़कियों में आए शारीरिक और मानसिक परिवर्तनों का संबंध है, वे इस अवस्था में अपने हमउम्र लड़के-लड़कियों के संपर्क में आना चाहते हैं। इस अवस्था में लड़कियों

में चेहरे की कमनीयता और लावण्य उनकी आंखों में दिखाई देने लगता है। इन सबका अहसास तो लड़के-लड़कियों में होता है, लेकिन वे इन भावों को प्रकट नहीं कर पाते। मनोवैज्ञानिक प्रभावों को स्पष्ट करते हुए स्त्री मनोविज्ञान की पारखी मनोविद एरिका जोंग का कथन है कि लड़के-लड़कियां अपने भावी जीवन साथी की कल्पनाएं भी इस उम्र में करने लगते हैं। बाहरी आकर्षण को ही वे जीवन का सच समझने लगते हैं। यही कारण है कि किशोरावस्था में अधिकांश लड़के-लड़कियां जीवन में कहीं-न-कहीं भटकाव की स्थिति निर्मित कर लेते हैं।

राष्ट्रीय परिवार कल्याण संस्थान ने अभी हाल ही में एक सर्वेक्षण किया है, जिसके आंकड़े चौंकाने वाले हैं। इस सर्वेक्षण के अनुसार लगभग 15 प्रतिशत लड़के-लड़कियां किशोरावस्था में ही यौन अनुभवों को प्राप्त कर चुके होते हैं। इसका अर्थ यह है कि किशोरावस्था में संयम रखने वाले लड़के-लड़कियों की संख्या दिनोंदिन घटती जा रही है। बिगड़ाव की इस स्थिति के लिए दोषी कौन है?

अंतःस्त्रावी ग्रंथियों का शरीर और मन पर प्रभाव

बच्चों का शारीरिक विकास उसके मानसिक विकास को प्रभावित करता है। विकास क्रम में शरीर और मन को अंतःस्त्रावी ग्रंथियां प्रभावित करती हैं। अंतःस्त्रावी ग्रंथियों से जहां लड़के-लड़कियों के शारीरिक अंगों का विकास होता है, वहीं शरीर के अंदर व बाह्य अवयवों में भी परिवर्तन होते हैं, जो मानसिक रूप से अपना प्रभाव दिखाते हैं। बाल्यावस्था में लड़के भिन्न लिंगी व्यक्तियों को नापसंद करते हैं, किंतु किशोरावस्था के आते ही यह नापसंदगी, पसंदगी में बदलने लगती है। लड़के-लड़कियां अपने आपको आकर्षक बनाने के लिए सजने-संवरने लगते हैं। लड़के अपना अधिकांश समय लड़कियों को ताकने में बिताते हैं, जबकि लड़कियां बार-बार अपने आपको मंत्र-मुग्ध-सी देखती रहती हैं। लड़के लड़कियों से बात करने की चाह में समय व्यतीत करने लगते हैं। यह सब अंतःस्त्रावी ग्रंथियों के हारमोन्स से जननांगों के सक्रिय होने के कारण होता है। किशोरावस्था में ये परिवर्तन स्वाभाविक एवं स्वस्थ होने की पहचान हैं।

अंतःस्त्रावी ग्रंथियों की सक्रियता और स्राव के कारण ही किशोरावस्था में लड़कों की आवाज भारी हो जाती है। कंधे मजबूत और हाथ-पैर पुष्ट होने लगते हैं। दाढ़ी-मूंछ के बाल प्रकट होने तथा वजन और कद बढ़ने लगता है। लड़कियों की शारीरिक रचना में भी परिवर्तन आने लगता है। वक्षस्थल का उभार दिखाई देने लगता है। स्वर मधुर हो जाता है। लज्जाजन्य स्वाभाविक आकर्षण उसकी

आंखों में दिखाई देने लगता है, जो उन्हें और भी आकर्षक बनाता है। अंतःस्रावी ग्रंथियों के कारण ही लड़कियों में ऋतुचक्र की शुरूआत होती है। शारीरिक मांसलता के कारण लड़के-लड़कियां एक-दूसरे को देखकर, स्पर्श कर, स्मरण करके एक प्रकार की सुखानुभूति का अनुभव करने लगते हैं।

अंतःस्रावी ग्रंथियों के हारमोन्स में गड़बड़ी के कारण ही लड़के-लड़कियों की ऊंचाई तथा शरीर की बढ़त रुक जाती है। जिन लड़के-लड़कियों की ऊंचाई सामान्य से कम रह जाती है, उनमें हीनभावनाएं आने लगती हैं। इन हीनभावनाओं के कारण ही वे अपने घर-परिवार के सदस्यों से समन्वय नहीं कर पाते और फिर अपने परिचय क्षेत्र में आत्ममुखी होकर एकांतप्रिय हो जाते हैं। ऐसे लड़के अपने आपको अन्य लड़कों के सामने हेय समझने लगते हैं। अपनी हीनताओं के कारण ही वे अपने साथी लड़कों के पिछल्लगू बन जाते हैं। उनकी इस प्रकार की सोच उन्हें सामाजिक जीवन में आगे नहीं बढ़ने देती।

गलग्रंथि तथा उपगलग्रंथि (Thyroid और Parathyroid) के बढ़ जाने से बालक का स्वाभाविक विकास अवरुद्ध हो जाता है और वह अनेक प्रकार के रोगों से ग्रसित हो जाता है।

किशोरावस्था के संवेग और उनका प्रभाव

किशोरावस्था तूफानी अवस्था कहलाती है। इस आयु में बच्चों के बिगड़ने-संवरने के सभी अवसर अभिभावकों के पास होते हैं। यदि अभिभावक इस अवस्था के किशोर संवेगों का मूल्यांकन, अध्ययन और समीक्षा कर इनका उपयोग बालक के हित में करें तो बच्चों के बिगड़ने के अवसर न केवल समाप्त हो सकते हैं, बल्कि उनके व्यक्तित्व का भी संतुलित विकास हो सकता है।

इस अवस्था के संवेगों की कुछ विशेषताएं निम्न होती हैं–

1. संवेग परिवर्तनशील और अस्थाई होते हैं। अन्य परिस्थितियों के बदलते ही बच्चों की मानसिकता भी बदल जाती है। रोता हुआ बच्चा परिस्थिति बदलने पर शीघ्र ही हंसने लगता है।

2. संवेग छोटी-छोटी बातों पर भी भड़क उठते हैं। इसे अभिभावक कुछ इस प्रकार से व्यक्त करते हैं–क्या करें साहब, गुस्सा तो उसकी नाक पर ही धरा रहता है। इस अवस्था में भय, हर्ष, क्रोध ही अधिक उग्र रूप में प्रकट होते हैं। यदि अभिभावक समय पर इनका शमन कर सकें, तो बच्चों की मानसिकता को बदला जा सकता है।

3. बच्चे अपने इन संवेगों को छिपा नहीं पाते। यहां तक कि वे इनकी अभिव्यक्ति हाथ-पैर चलाकर मार-पीट कर व्यक्त करते हैं।
4. संवेग बार-बार प्रकट होते हैं। इनकी अभिव्यक्ति भी भिन्न-भिन्न प्रकार से होती है। यहां तक कि कभी-कभी तो इसकी अभिव्यक्ति इतनी हिंसक हो जाती है कि बच्चा अपने ही मित्र अथवा बहन-भाई को काट लेता है। भाई को भी डंडा मार देता है। अभिव्यक्ति का जो साधन जितना अधिक प्रभावशाली होता है, बालक उसे ही अपनाने लगता है। यहां तक कि कुछ बच्चे ''मैं यह नहीं खाता'' कहकर अपनी जिद पर इस तरह से अड़ जाते हैं कि माता-पिता को उनकी अनुचित मांगें भी माननी पड़ जाती हैं अथवा वह मनवा लेता है।
5. संवेग आरोपित हो सकते हैं। यदि मां-बाप किसी बात के लिए बच्चे को प्रताड़ित करते हैं, कुछ ताने कसते हैं, तो वह छोटे भाई-बहनों को मार-पीट कर अपने संवेगों को व्यक्त करता है।
6. संवेगों की अभिव्यक्ति के तरीके में भी अंतर आता रहता है। वयस्क बच्चा घर से भाग कर अपने असंतोष और प्रतिशोध को प्रकट करता है। जबकि छोटी अवस्था का बच्चा घर में ही एक कमरे में अंधेरे में बैठकर अपने संवेग और विरोध को प्रकट करता है।

आशय यह है कि किशोर मन में उपजे ये संवेग और इनकी अभिव्यक्ति बच्चों की सोच, सफलता-विफलता को प्रभावित करती है। बालक समाज का एक विकासशील प्राणी है। इसलिए उसके विकास क्रम में इन संवेगों को समझें। इनके माध्यम से बच्चे को सफल भविष्य दें।

बच्चों की अपेक्षाएं, आवश्यकताएं जानें

जिस प्रकार से शरीर को जीवित रखने के लिए अन्न, जल, हवा, पानी की आवश्यकता होती है, उसी प्रकार से बच्चों के मानसिक विकास के लिए उनकी कुछ अपेक्षाएं और आवश्यकताएं होती हैं। इन आवश्यकताओं की पूर्ति के लिए अभिभावकों को संरक्षण, सामीप्य की आवश्यकता होती है। वर्तमान में सामाजिक और पारिवारिक व्यवस्था में जिस तीव्र गति से बदलाव आ रहा है, उसी का परिणाम है कि बच्चों के भविष्य पर लगातार प्रश्नचिह्न लग रहा है। उसकी मनोवैज्ञानिक आवश्यकताओं को आधुनिक जीवन शैली में कुछ इस प्रकार से उपेक्षित किया जा रहा है कि बच्चों को बंधन समझने वाले पति-पत्नी यह कहते नहीं अघाते

कि "हम अभी बच्चे नहीं चाहते...।" ऐसी प्रगतिशील सोच वाले पति-पत्नी के यहां यदि बच्चा हो भी जाता है, तो वे उसे बुझे मन से स्वीकारते हैं। महानगरों में ही नहीं, बल्कि छोटे शहरों और कस्बों में भी कामकाजी महिलाओं को बच्चे एक मुसीबत, एक समस्या लगते हैं। अभिभावकों की बच्चों से छुटकारा पाने वाली यह सोच बच्चों के आंतरिक और बाहरी विकास को प्रभावित करती है। प्रसिद्ध मनोविश्लेषक फ्रायड के अनुसार बच्चे अपने चेतन मन की इच्छाएं पूरी करना चाहते हैं, परंतु अचेतन में स्थित अहम् रोकता है। इच्छाओं का यह ज्वार-भाटा ही उनकी मनोवैज्ञानिक अपेक्षाएं हैं, जो आयु वृद्धि के साथ-साथ बदलती रहती हैं। बच्चे मां-बाप, परिवार, समाज से यह अपेक्षा करते हैं कि उसकी इन अपेक्षाओं और आवश्यकताओं को मान्यता, प्रतिष्ठा दें। इसके लिए इन बातों पर अमल करना होगा–

1. वे उन्हें मन से स्वीकारें।
2. उन्हें शारीरिक, मानसिक और आर्थिक सुरक्षा-संरक्षण प्रदान करें।
3. उन्हें अवस्था के अनुकूल अभिभावकों का आत्मीय स्नेह मिले। उनके शारीरिक और मानसिक संवेगों को प्रतिष्ठा मिले। इन संवेगों के मार्गांतरण को अभिभावकों का सहयोग मिले।
4. वे परिवार और अपनों के विश्वास-पात्र बनें। लोग उनका अविश्वास न करें।

चूंकि आयु के साथ-साथ बच्चों की सामाजिक और पारिवारिक समायोजन क्षमता बढ़ती है, इसलिए बच्चों की इन मनोवैज्ञानिक अपेक्षाओं को एक सीमा तक ही पूरा करें।

उपेक्षा बच्चे को अकेला बना देती है

सच तो यह है कि बच्चे अपनी सोच, निर्णयों, इच्छाओं के लिए अभिभावकों का सहयोग, स्नेह, समर्थन और संरक्षण चाहते हैं, लेकिन जब अभिभावक अपनी व्यस्तता के कारण उन्हें किसी प्रकार का सहयोग, समर्थन नहीं दे पाते, तो बच्चे भी चुप रह जाते हैं। इस प्रकार की चुप्पी उन्हें मानसिक रूप से अकेला बना देती है। समर्थन का अभाव और अकेलेपन की इस स्थिति में वह अपने लिए हुए निर्णयों पर भी अविश्वास करने लगता है। इससे न केवल उसमें आत्मविश्वास की कमी होने लगती है, बल्कि उसके मन में असफलताओं का भय भी समाने लगता है, जो उसे निरंतर गलत सोचने पर विवश करता रहता है।

बच्चों को मानसिक रूप से जितना संरक्षण, सुरक्षा और समर्थन अभिभावकों से मिल सकता है, उतना अन्य किसी से नहीं। बच्चा भी समझता है कि आया आया है, मां नहीं। जब बच्चे यह समझते हैं कि मां उसे आया के भरोसे छोड़कर बाहर पार्टी में चली गई है, तो उनकी सोच खिन्न हो जाती है। बच्चों की भावनाएं अभिभावकों के प्रति बदलने लगती हैं।

सच तो यह है कि जो अभिभावक बच्चों की भलाई, उसकी सुख-सुविधाओं के लिए रात-दिन काम में लगे रहते हैं, वे यह भूल जाते हैं कि बच्चों को इन सारी सुख-सुविधाओं के साथ उनके संरक्षण, स्नेह, सहयोग और आत्मीय स्पर्श की भी आवश्यकता होती है, जो उन्हें उनके पास बैठकर ही दिया जा सकता है, जिसकी बच्चे अभिभावकों से अपेक्षा करते हैं।

सही लक्ष्य चुनने में मदद करें

प्रगतिशीलता के इस नए दौर में बच्चों के बिगाड़ का सबसे बड़ा कारण उन्हें उचित निर्देशों का अभाव है। सही दिशा में दिए गए निर्देश बच्चों को सही कार्य के चुनाव, उसके प्रति प्रतिबद्धता और सफलता की नई ऊंचाइयों तक ले जा सकते हैं। बच्चों में आत्मनिर्भरता ला सकते हैं। लक्ष्य चुनने में अभिभावकों की मदद उन्हें अपने, परिवार और समाज के प्रति जिम्मेदार बनाएगी। इसलिए यह बहुत आवश्यक है कि सही लक्ष्य चुनने में माता-पिता बच्चों की मदद करें।

'जॉब डिस्सैटिस्फैक्शन' के कारण ही बच्चे लक्ष्य से भटक जाते हैं। इस प्रकार की निराशा ही बच्चों को भविष्य के प्रति अनास्थावान, हताश और असंतुष्ट कर उन्हें कुंठाग्रस्त बना देती है, उन्हें बिगाड़ कर निराशा की अंधी गलियों की ओर भटका देती है, जहां लड़के स्वयं ही दिशा-भ्रष्ट होकर कभी जीने की तमन्ना में हाथ-पैर मारते हैं और कभी निराश होकर नशे की ओर बढ़कर मरने के इरादे करते हैं। ऐसी अस्थिर सोच ही उन्हें अपराधों की ओर भी ले जाती है।

बच्चे को अनिश्चय से उबारें

बच्चों के भविष्य निर्माण और उनके कैरियर के चुनाव में किसी भी अनिश्चय की स्थिति में बच्चों को बहुत दिनों तक न रहने दें। इसके लिए बार-बार अपने बच्चों को दोषी ठहराना अथवा शिक्षा प्रणाली को दोषी ठहराना एक प्रकार से समस्या से मुंह छिपाना ही है। इसलिए युवा होते बच्चों के कैरियर के बारे में आप स्वयं ही सोचें। इस प्रकार की सोच को अपनाने के लिए सरकार अथवा पाठ्यक्रम को दोषी न ठहराते हुए सुलभ साधनों में ही बच्चों का भविष्य तलाशें।

बच्चों की लक्ष्यहीनता को कोसने के स्थान पर उन्हें लक्ष्य प्राप्ति के योग्य बनाने के लिए मानसिक रूप से तैयार करें। प्रगति और प्रतिस्पर्धा के इस युग में युवा पीढ़ी को भी अपनी सोच उसी के अनुरूप बनानी होगी। अतः बच्चों का कैरियर बनाने के लिए उन्हें प्रारंभ से ही ऐसी संस्थाओं में प्रवेश दिलाएं, जो उनकी अभिरुचियों, उनकी योग्यता और प्रतिभा में निखार लाकर उन्हें कैरियर के प्रति जागरूक बना सकें।

आशय यह है कि लक्ष्य चुनने में, उनके कैरियर के संबंध में आप द्वारा ली गई रुचि उसके अच्छे परिणामों की गारंटी है। इस विषय में आप इतना ही ध्यान रखें कि यदि लक्ष्य चुनने के इस व्यवहार में कहीं कोई चूक हो जाए, तो बच्चों को विश्वास में लेकर अपनी ओर से एक नई पहल करें। इसके बाद भी यदि परिणाम अच्छा नहीं निकलता अथवा अपेक्षित सफलता नहीं मिलती, तो बच्चों को प्रताड़ित अथवा अपमानित न करें, बल्कि उन्हें ऐसे परिणामों को सहन करने के लिए मानसिक रूप से तैयार करें। सफलताओं का श्रेय बच्चों को दें। लक्ष्य चुनने में आपका सहयोग बच्चों का संबल बढ़ाता है। उन्हें सुरक्षित कैरियर प्रदान करता है। छोटी चिड़िया को भी उसकी मां तब तक घोंसले में ही रहने देती है, जब तक उसके पंख मजबूत नहीं होते। पंखों में मजबूती आते ही वह खुद ही आकाश की ऊंचाइयां नापने लगती है। लक्ष्य चुनने में अभिभावकों की कुछ ऐसी सोच ही बच्चों को सफलता के लिए प्रेरित करेगी और वे जीवन में इच्छित लक्ष्य को प्राप्त कर सकेंगे।

व्यक्तित्व के विकास के लिए जरूरी हैं अच्छे मित्र

थोड़ी देर के लिए आप किसी ऐसे लड़के की कल्पना करें, जो अपने ही किसी अभिभावक के कर्कश ताने सुनने के बाद घर के बाहर किसी स्थान पर क्रोध और भावनात्मक तनाव से ग्रसित होकर उदास बैठा हो। ऐसे क्षणों में उसके मन और मस्तिष्क में अपने ही अभिभावक के प्रति ऐसी प्रतिशोधी भावनाएं आती हैं कि वह इन क्षणों में कुछ भी करने के लिए तैयार हो जाता है। उसकी क्रोधजन्य भावनाएं उग्र होने लगती हैं। ऐसे क्षणों में मित्र का साथ पाकर न केवल बच्चों की भावनाएं शमित होने लगती हैं, बल्कि मित्रों का साथ उन्हें कठिन परिस्थितियों में ऐसी भावनाएं सहने की शक्ति प्रदान करता है। जब तक मित्रों का साथ नहीं मिलता, तब तक क्रोध की भावनाओं से उसका मन ग्रसित रहता है। ऐसे क्षणों में इन बच्चों की स्थिति 'घायल हिरणी' जैसी बनी रहती है। मित्रों का साथ पाकर, मित्रों का स्नेह और विश्वास पाकर, मित्रों की सहानुभूति पाकर बच्चों

के मन में उमड़ा हुआ क्रोध तथा घनीभूत उदासी कम होने लगती है। इन किशोर बच्चों का मन शांत, सुकून भरा, उत्साही और प्रसन्न रहने लगता है। उसमें विषम परिस्थिति को सहन करने की शक्ति का संचार होने लगता है। साथ ही कठिनाई और विषम परिस्थिति का सामना करने की क्षमता भी विकसित होने लगती है।

मित्रों से बहुत कुछ सीखते हैं बच्चे

मनोवैज्ञानिकों का मत है कि बच्चे के आंतरिक और बाहरी व्यक्तित्व को मित्र ही भली भांति निखारते, तराशते हैं। उसका सामाजिक और पारिवारिक वातावरण चाहे कैसा भी हो, लेकिन मित्रों का उसके व्यक्तित्व पर सबसे अधिक प्रभाव पड़ता है। जीवन के प्रति उसकी सोच, कार्य करने की शैली, विचार, भावनाएं, पहनावा, खान-पान, आदतें, चरित्र आदि वह साथी मित्रों से ग्रहण करता है। मित्रों के संपर्क में आने से उसका पूरा जीवन ही बदल जाता है। मित्रों का संपर्क पा कर जहां वह पारिवारिक तनावों से मुक्त होता है, वहीं उसे अपनी सोच पर मानसिक संतुष्टि भी मिलती है, जो उसे अनावश्यक दबावों, तनावों से मुक्त रखती है। मित्रों की यह भूमिका बच्चों का जीवन बनाने-बिगाड़ने में बड़ी महत्वपूर्ण होती है, जो उन्हें अपने कार्यों, परिवार के प्रति निष्ठावान बनाती है। उसे संबंधों का अहसास कराती है।

बच्चे अपने दिल की बात केवल अपने मित्रों से ही कहते हैं। कभी-कभी तो वे अपनी गलतियों, कमजोरियों, दोषों, यहां तक कि बहुत निजी रहस्य की बातें भी अपने मित्रों से कहकर अपने मन का बोझ हल्का कर लेते हैं। सही बात तो यह है कि उम्र के अनुसार स्वयं अभिभावकों को ही बच्चों के मित्र बनना और बनाना चाहिए।

मित्र चुनने में बच्चों को सहयोग दें

बच्चों को बिगाड़ने संबंधी व्यवहार से बचाने के लिए अभिभावकों को बच्चों के मित्रों पर विशेष ध्यान रखना चाहिए। अभिभावक यह सुनिश्चित करें कि–

1. मैत्री संबंध समान आयु, समान आर्थिक और समान सामाजिक स्तर तथा समान बौद्धिक स्तर वाले बच्चों से स्थापित किए जाएं। इसीलिए कहा भी जाता है कि विचारों की समानता ही मैत्री संबंधों की आधारशिला है।

2. अपने से छोटी अथवा अपने से बड़ी आयु के लड़के-लड़कियों के साथ मैत्री संबंध स्थापित न करें।
3. पैसे की चकाचौंध से प्रभावित होकर मैत्री संबंध स्थापित न करें। अमीर बाप के बेटों से मैत्री संबंध स्थापित करने के लिए अति उत्साही न बनें। यदि ऐसे किसी बच्चे के साथ मैत्री संबंध स्थापित हो गए हों, तो अपनी सीमाओं का हमेशा ध्यान रखें।
4. ऐसे मित्रों से महंगे उपहार स्वीकार न करें।
5. जब तक वे बहुत अधिक आग्रह न करें, तब तक उनके घर न जाएं।
6. यदि कभी आपके विचारों में किसी बात को लेकर मतभेद आ जाए, तो अपने इन संबंधों को धीरे-धीरे समाप्त कर लें। इसके लिए आवश्यक नहीं कि मन में आत्मग्लानि अथवा प्रतिशोधी विचार और भावनाएं ही लाएं।
7. बच्चों और बच्चों के मित्रों को इस बात की इजाजत बिल्कुल न दें कि वे देर रात तक घर से बाहर रहें और सुबह बहुत देर तक सोते रहें। यदि आपका बच्चा इस प्रकार का आचरण करने लगा है, तो समझ लें कि कहीं कुछ असामान्य घटित हो रहा है। और इस असामान्य व्यवहार में कहीं-न-कहीं उसका कोई ऐसा मित्र अवश्य संलग्न है जो आपके बच्चे को बिगाड़ रहा है। अतः इसे गंभीरता से लें।
8. बच्चों में यह आदत डालें कि वे घर से बाहर जाते समय बता कर जाएं कि वे कहां जा रहे हैं और कब तक वापस आ जाएंगे।
9. बच्चों के मित्रों का घर आने पर स्वागत-सम्मान करें। उनके अच्छे कार्यों, व्यवहारों, सफलताओं और उपलब्धियों की चर्चा कर उन्हें परिवार से जोड़ें।
10. बच्चों को मित्रों के साथ बैठ कर देर तक टी.वी. अथवा फिल्में देखने की छूट न दें।

मित्र, पिता और शिक्षक, तीनों की भूमिका निभाएं

बच्चों की बदलती हुई मानसिकता और गलत व्यवहारों के अन्य चाहे जो भी कारण हों, इतना अवश्य है कि बच्चों को इस स्तर पर लाने के लिए अभिभावक भी कम दोषी नहीं हैं। अभिभावकों द्वारा बच्चों पर थोपा जाने वाला अनुशासन, आदर्श, सिद्धांत और व्यवहार उस समय बौने हो जाते हैं, जब बच्चों की पैनी नजर अंतर देखती है।

आज हमारे घरों में सच्चाई, ईमानदारी, परस्पर स्नेह, त्याग, विश्वास, सहिष्णुता, समर्पण और सहयोग जैसे मानवीय आदर्शों का अभाव होता जा रहा है। व्यक्तिगत स्वार्थों का बोलबाला है। जब आदर्श और संस्कार परिवार में हैं ही नहीं, तो फिर बच्चों में कहां से आएंगे? यह बच्चों की उद्दंडात्मकता का प्रमुख कारण है।

बच्चों में अविश्वास करना और इस अविश्वास को बच्चों के मित्रों, घर में आने वाले मेहमानों, सह-कुटुम्बियों के सामने प्रदर्शित करना और इस तरह बोलना—''यह क्या करेगा जिंदगी में?'', ''इसमें अक्ल ही कितनी है?'', ''यह तो कुछ समझता ही नहीं। निकम्मा है, शेखचिल्ली जैसी बातें करता है।'' इस प्रकार की सोच, चिंतन और व्यवहार बच्चों की नजरों में अभिभावकों को गिराता है। बच्चे अपमान और द्वेष से भर उठते हैं। वे अपनी सारी हीनताओं, दोषों, कमजोरियों के लिए अभिभावकों को ही दोषी ठहराते हैं। इस प्रकार उनका कुंठित व्यक्तित्व पग-पग पर उद्दंडता से पेश आने लगता है। ऐसे बच्चे घर और समाज के प्रति विद्रोही आचरण करने लगते हैं। घर से पलायन करना, कई-कई दिनों तक बाप-बेटे में आमना-सामना न होना, बिन बोले की स्थिति बनी रहना, घर के अंदर और घर के बाहर छोटे-मोटे अपराध करते रहना आदि ऐसे अनेक व्यवहार हैं। जो बच्चों के बिगड़ाव की शुरूआती बातें हैं।

इसलिए प्रारंभ से ही बच्चों के मित्र, पिता और शिक्षक बन कर उनके साथ व्यवहार करें, यही उन्हें बिगड़ने से बचाएगा। बच्चों के मित्र, पिता और शिक्षक बनकर उनकी आंखों में आंखें डालकर देखें। आपको उनकी आंखों में अपने ही डाले हुए संस्कार तिरते दिखाई देंगे।

बच्चों के साथ कैसा व्यवहार करें

1. बच्चों को खुले मन से स्वीकारें उन्हें पर्याप्त समय देकर उनसे संवाद स्थापित करें। उन्हें परिवार से जोड़ें।
2. परिवार के सभी सदस्यों को मान-सम्मान देकर प्रतिष्ठित करें। बच्चों की मानसिक सोच पर इस व्यवहार का बहुत गहरा प्रभाव पड़ता है। बच्चों के माध्यम से पति-पत्नी में निकटता अथवा दूरियों का व्यवहार बच्चों की मानसिकता को स्नेहिल अथवा हिंसक बनाता है। इसलिए बच्चों के सामने पति-पत्नी में तनाव नहीं आए, विवाद, दूरियां कभी न बढ़ने दी जाएं।

3. बच्चों के सामने झूठ न बोलें, कथनी और करनी में अंतर न रखें, क्रोध, हिंसा, मारपीट न करें। गाली देकर पेश आना बच्चों को हिंसक बनाता है। उनमें स्नेहिल भाव पैदा ही नहीं हो पाता।

4. मोहल्ले-पड़ोस में अपनी छवि, प्रतिष्ठा एक चरित्रवान व्यक्ति के रूप में बनाएं। बच्चों को अपने पिता की इस छवि पर गर्व होता है और विरासत में मिली यह प्रतिष्ठा उसे बिगड़ने नहीं देती।

5. बच्चों को प्यार करें, बेजा लाड़ नहीं। बेजा लाड़ में पले बच्चों की सोच रुग्ण हो जाती है। वे अपने आपको दूसरे से श्रेष्ठ, विशिष्ट समझने लगते हैं। विशिष्ट और श्रेष्ठ होने का यह भ्रम उन्हें घमंडी, दंभी, चरित्रहीन, दब्बू और स्वार्थी बनाता है।

6. असफलता अथवा अन्य किसी कारण से तनावग्रस्त बच्चों के साथ सहानुभूति से पेश आएं। ताने, व्यंग्य अथवा अपमान कर उसकी भावनाओं को और न भड़काएं।

7. बच्चों पर अनुशासन थोपने के स्थान पर अनुशासन स्वीकारने के लिए प्रेरित करें।

8. मोहल्ले-पड़ोस के ऐसे मित्रों, पड़ोसियों, स्वजनों पर नजर रखें, जिनका सम्पर्क बच्चों को बिगाड़ सकता है। भले ही ऐसे लोग अपने ही क्यों न हों।

9. विपरीत सेक्स के प्रति आकर्षित होते किशोर लड़के-लड़की को इस आकर्षण की सत्यता से परिचित कराएं, ताकि वे इस मृगतृष्णा की असलियत को जान सकें। गुमराह न हों।

10. सही लक्ष्य चुनने में बच्चों का तब तक साथ दें, जब तक कि वे आर्थिक और सामाजिक स्तर पर आत्मनिर्भर नहीं हो जाते।

> *जब घर में ममता के अंधे धृतराष्ट्र हों, तो उनकी औलाद दुर्योधन और दुःशासन ही होगी।*
>
> **—एक ाा वत सत्य**

बिगाड़ की शुरूआत-बेजा लाड़-प्यार

प्रत्येक परिवार, समाज के कुछ अपने आद र्, सिद्धांत और मान्यताएं होती हैं। इन आद ों, सिद्धांतों और मान्यताओं से समायोजन करने के बाद ही अपनी आव यकताओं को पूरा कर पाते हैं। व्यवहार संबं ी समायोजनों का उचित प्र िक्षण ही बच्चों को सु ारता है, किंतु बच्चों को अभिभावकों से मिलने वाला यह प्र िक्षण जब अं े लाड़-प्यार के रूप में प्रद र्ित होता है, तो बच्चे के बिगड़ने की ुरूआत होती है।

बच्चे कुछ कारणों से तुतलाकर बोलते हैं। कभी-कभी उनका इस प्रकार से बोलना अभिभावकों को बहुत प्रसन्न कर देता है, लेकिन जब अभिभावक लाड़-प्यार का प्रदर्शन कर उसके इस प्रकार के बोलने को प्रोत्साहित करने लगते हैं, तो यही तुतलाना बच्चे के लिए आदत बन जाता है, जो उसके भविष्य पर बोझ बनने लगती है। ऐसे ही अन्य अनेक प्रकार के व्यवहार हैं, जो लाड़-प्यार की श्रेणी में आते हैं। इन व्यवहारों पर प्रारंभ से ही अंकुश लगाने की पहल अभिभावकों की ओर से होनी चाहिए।

बच्चे को तुतलाना न सिखाएं

"मेले चाचू की सादी पर जलूल आना..."

"जरूर आएंगे, लेकिन पहले एक बार कहो, मेरा घोड़ा सुंदर है...।"

"मेला घोला छुन्दल है...। बच्चे ने अपनी सहज भाषा में तुतला कर कह दिया।"

"अच्छा, कहो, जूता...।"

"तूता...।"

"अच्छा, बोलो, रोटी...।"

"लोती...।"

बच्चे का तुतला कर बोलना जारी था। मेहमान और स्वयं घरवाले प्रसन्न हो रहे थे। तभी मेहमान ने उनसे कहा, मेरी मानो तो इस बच्चे का नाम आनंद नहीं तोतू रख दो...।"

आनंद के चेहरे पर प्रसन्नता का भाव न जाने कहां खो गया। आत्मग्लानि और हीनता के भाव बच्चे को उदास बना रहे थे।

हमारे सामाजिक और पारिवारिक जीवन में छोटे बच्चों का तुतला कर बोलना एक ऐसा व्यवहार है, जो प्रत्येक घर में देखा-सुना जा सकता है। बच्चे के इस व्यवहार अथवा दोष को अभिभावक दोष मान कर नहीं, बल्कि लाड़ के रूप में स्वीकारते हैं। जब कि बच्चों में इसका अच्छा प्रभाव नहीं पड़ता और उन्हें अपने इस दोष के कारण कई प्रकार की हीनताओं का दबाव सहना पड़ता है। जब बच्चा अपने साथी मित्रों, परिवारजनों, शिक्षकों के समक्ष शुद्ध नहीं बोल पाता, तो उसमें हीनता आने लगती है और वह अपने भावों की अभिव्यक्ति करने में संकोच करता है। चुप रहता है। चुप्पी के कारण कई बार तो वह अपने मन की भावनाएं भी व्यक्त नहीं कर पाता। अभिभावक और साथी बच्चे, बच्चों के इस प्रकार के तुतलाने को अपने मनोरंजन का साधन समझने लगते हैं। जब कि बच्चों पर इसका प्रतिकूल प्रभाव पड़ता है।

जरसील्ड के अनुसार बच्चों में तुतलाने के प्रमुख तीन कारण होते हैं।

1. स्वर-यंत्रों के विकास में बाधा, जैसे तंतु का होना।
2. प्रशिक्षण अथवा अभ्यास के अवसर न मिलना।
3. प्रेरणा का अभाव।

चूंकि इन तीनों का संबंध अभिभावकों से होता है, इसलिए बच्चों के तुतला कर बोलने को गंभीरता से लें। इसे विकास का एक क्रम समझकर स्वीकारना चाहिए। यदि तुतलाने का कारण स्वर-यंत्रों का दोष हो, तो किसी योग्य चिकित्सक से परामर्श लें। साधारण तंतु दोष को एक छोटी-सी शल्यक्रिया से ठीक किया जा सकता है। साधारणतया तीन वर्ष की अवस्था में स्वरारोह (Tone) ठीक होने लगता है। कुछ बच्चे पूरा और शुद्ध शब्द बोलना ही नहीं चाहते, इसलिए भी उनके शब्द इस रूप में प्रकट होते हैं–दूध को दूदू, नहाना को नाई, बिस्कुट को बिक्कुट, और को औल, चीनी को नीनी...आदि बोलते हैं।

तुतलाना जब आदत बन जाता है, तो ऐसे बच्चों में विकृति के रूप में अनेक प्रकार के शारीरिक और मानसिक दोष पनपने लगते हैं, जैसे क्रोध, हीनता, भय, प्रतिद्वंद्विता आदि। ये दोष ही कालांतर में बच्चों के आचरण को बिगाड़ देते हैं, जो बच्चों में स्थायी दोष बनकर उनके जीवन को प्रभावित करते हैं।

अभद्र व्यवहार पर अंकुश लगाएं

लाड़-प्यार के वशीभूत होकर लड़के अपने परिचय क्षेत्र के लड़कों, पड़ोसियों यहां तक कि परिवार के अन्य सदस्यों के साथ अभद्र व्यवहार करते हैं। नाक चढ़ाना, नकल उतारना, चिढ़ाना, शरारतें करना, छेड़ना, बच्चों को चिढ़ाने वाले नामों से पुकारना, बड़ों का मजाक उड़ाना, उद्दंडता के साथ पेश आना आदि ऐसे व्यवहार हैं, जो अभिभावक लाड़-प्यार में सहन करते हैं। बच्चों को कुछ नहीं कहते। अभिभावक का प्रोत्साहन पाकर बच्चों की शरारतें, हरकतें बढ़ती जाती हैं। ये शरारतें ही बाद में करतूतों में बदलने लगती हैं। छोटी-मोटी चोरी करना इसी प्रकार के व्यवहार हैं। बच्चों का बगीचों से फल या फूल तोड़ना और अन्य ऐसी ही हरकतें हैं, जिन्हें जब भी अभिभावकों की नजर में लाया जाता है, वे इसे गंभीरता से नहीं लेते अथवा बच्चों की इन हरकतों पर पर्दा डालते हैं। ''मेरे बेटे ने ऐसा काम किया ही नहीं।...'' ''मेरा बेटा यह कर ही नहीं सकता।'' अंदर बैठा हुआ लड़का जब अभिभावक को इस प्रकार से पर्दा डालते सुनता है, तो उसे प्रोत्साहन मिलता है और यही प्रोत्साहन उसे एक के बाद दूसरी, दूसरी के बाद तीसरी शरारत, हरकत करने के लिए प्रेरित करता है। बच्चों की इस प्रकार की बदतमीजियां उसे बिगाड़ती हैं। इसलिए बच्चों की हरकतों, बदतमीजियों, शरारतों पर समय रहते ही अंकुश लगाएं।

शरारतों का मतलब नुकसान करना नहीं

बाल्यावस्था और किशोरावस्था के संधि काल के बच्चे साथी मित्रों के साथ मिलकर विभिन्न प्रकार की शरारतें करने लगते हैं। तोड़-फोड़ करना, भाई-बहनों से लड़ना, अपनी बात को मनाने के लिए जिद करना, ऐसे व्यवहार हैं, जो इन लड़कों को लाइट में आने के लिए प्रेरित करते हैं। अतः व्यवहारों के लिए अभिभावक परेशान न हों। ऐसी शरारतों को सहज, सरल और स्वाभाविक मानें। अपने स्तर पर अभिभावक बच्चों को यह अवश्य समझा दें कि शरारतों से दूसरों को नुकसान न पहुंचाएं। बच्चों को सरल उदाहरण देकर यह समझाएं कि जो व्यवहार वे दूसरों

से अपने लिए नहीं चाहते, वैसा व्यवहार दूसरों के साथ न करें। सार्वजनिक सम्पत्ति को हानि न पहुंचाएं।

यदि बच्चे तोड़-फोड़ में सुखानुभूति का अनुभव करते हैं, तो उन्हें खेलने के पर्याप्त अवसर दें। उन्हें समूह रूप में खेलने के लिए प्रेरित करें। उनकी इस वृत्ति को शमित करने के लिए रचनात्मक कार्यों में लगाएं, वह चाहे पेड़ों को पानी देना अथवा नए पौधे लगाने के लिए गड्ढा खोदना ही क्यों न हो। घर की सफाई, सार-संभाल में उन्हें सक्रिय रखें। तोड़-फोड़ और लाइट में आने की चाह को बालक के हित में उपयोग करने के लिए अभिरुचियों के निखरने सामाजिक समायोजन के अवसर प्रदान करें। बच्चों का सहयोग करें, उनका साथ दें।

बिस्तर पर पेशाब करने का मतलब

कुछ ऐसे बच्चे होते हैं, जो आयु के बढ़ने के बाद भी बिस्तर पर पेशाब कर देते हैं। यहां तक कि किशोरावस्था पा जाने के बाद भी उनके व्यवहार में इस प्रकार के दोष पाए जाते हैं। ऐसे बच्चों को दूसरों के सामने बड़ी हीनता का सामना करना पड़ता है। कभी-कभी अपमान भी सहना पड़ता है। ज्यादातर बच्चे भय, आलस्य अथवा स्वप्नावस्था में बिस्तर गीला कर देते हैं। ऐसे बच्चों को पता ही नहीं चलता कि वे बिस्तर पर पेशाब कर रहे हैं और स्वप्न की स्थिति में समझता है कि वह बाहर अथवा वाथरूम में है।

यदि बच्चों में इस प्रकार की प्रवृत्ति पाई जाती है, तो अभिभावकों को चाहिए कि वे उन्हें विश्वास में लेकर स्नेह और सहानुभूति से समझाएं तथा बच्चों के मन में बैठे हुए भय को निकालने के प्रयास करें। कुछ बच्चे आलस के कारण भी रात में नहीं उठते और बिस्तर में पड़े रहते हैं। ऐसे बच्चे अपनी शारीरिक और मानसिक क्रियाओं से नियंत्रण खो बैठते हैं और उन्हें इस प्रकार की हीनता सहनी पड़ती है। बच्चों को रात में उठाकर एक-दो बार पेशाब करा दें, ताकि ऐसी स्थिति निर्मित ही न हो। धीरे-धीरे यह आदत बन जाएगी और बच्चों को इस प्रकार की हीनता का सामना नहीं करना पड़ेगा।

स्वास्थ्य को खराब करती है टॉफी-चॉकलेट

अकसर अभिभावक नाराज बच्चों को मनाने के लिए, उन्हें खुश करने के लिए, उन पर लाड़-प्यार प्रदर्शित करने के लिए या उन्हें प्रोत्साहित करने के लिए चॉकलेट, टॉफी आदि देकर अपनी बातें मनवाते हैं। बच्चों को अपनी ओर आकर्षित करने के इस व्यवहार में अभिभावक यह भूल जाते हैं कि वे टॉफी-चॉकलेट देकर अपने

बच्चों को मीठा जहर दे रहे हैं। जी हां, यह मीठा जहर बच्चों के स्वास्थ्य को तो खराब करता ही है। उसके दांतों, मसूड़ों और स्नायु-तंत्र पर भी विपरीत प्रभाव डालता है। विशेषज्ञों का मत है कि इन वस्तुओं के निर्माण में उपयोग होने वाले तेज रसायन बच्चों के दांतों को सड़ा देते हैं।

चॉकलेट और टॉफियों में मिलाए जाने वाले मिश्रण में कई प्रकार के रेनेट (मांस का प्रकार) पदार्थों का उपयोग होता है, जिन्हें अधिक खाने से बच्चों का पेट खराब हो जाता है। इन वस्तुओं को टी.वी. पर दिए जाने वाले आकर्षक विज्ञापनों द्वारा प्रचारित-प्रसारित किया जाता है। इनमें मिलाए जाने वाले तत्व लाभदायक कम और हानिकारक अधिक होते हैं। ये पदार्थ बच्चों के दांतों को असमय ही क्षतिग्रस्त कर देते हैं। बच्चा हमेशा के लिए दांत दर्द से परेशान हो जाता है। पाचन-तंत्र पर भी इनका बुरा प्रभाव पड़ता है। आकर्षक पैकिंग में यह मीठा जहर बच्चों के शरीर और मन को कुछ इस प्रकार से विकृत करता है कि अभिभावक समझ ही नहीं पाते। अतः समय रहते ऐसे उत्पादों के खतरों से परिचित हों और बच्चों को भी सावधान करें।

बच्चों की गलत आदतों को सुधारने के लिए निम्नांकित उपाय करें–

1. तुतलाने अथवा हकलाने को दोष समझकर बच्चों का मजाक न उड़ाए।
2. यदि आपका बच्चा कोई शब्द तुतलाकर बोलता है, तो इसका शुद्ध उच्चारण कर बच्चे को अभ्यास कराएं। बार-बार का अभ्यास उसे शुद्ध बोलने के लिए प्रोत्साहित करेगा और शीघ्र ही आपका बच्चा शुद्ध बोलने लगेगा।
3. ऐसे बच्चों को बेचारा कहकर न बुलाएं और न ही अपने हाल पर छोड़ें। तुतलाने के इस व्यवहार को गंभीरता से लें।
4. लाड़-प्यार प्रदर्शित करने के लिए आप स्वयं भी तुतलाकर न बोलें। न ही लड़कों को बोलने के लिए कहें।
5. शरारतों पर गर्व न करें। न ही बच्चों की किसी ऐसी हरकत को सराहें। चोरी की गई वस्तु को वापस करने के लिए कहें और कराएं।
6. यदि आपका बच्चा बिस्तर पर पेशाब कर देता है, तो उसे तिल और गुड़ खाने के लिए दें। रात को दो-तीन बार जगाकर उसे पेशाब करवाने ले जाएं।
7. बच्चे के हाथ-पैर गर्म पानी से धुलाकर सुलाएं।

8. सोने से पहले मुंह साफ कराएं चॉकलेट, टॉफी खाने के बाद अच्छी तरह से कुल्ला करवाएं।

9. बच्चों को चाय, कॉफी, टॉफी, चॉकलेट, पाउच आदि से दूर रखें।
10. बच्चों की बाजार से खरीद कर खाने की आदत को हतोत्साहित करने के लिए उसे घर से पूरा टिफिन दें और इस टिफिन में उसकी रुचि की सामग्री रखी जाए।

बुद्धिमान मां-बाप बच्चे के लिए ईश्वर का दिया हुआ सबसे बड़ा वरदान हैं।

—वन्दना अरोरा

आत्मघाती सोच□चुगली की आदत

मनोवैज्ञानिक वि लेषणकर्ताओं ने व्यक्ति के बिगाड़ की ुरूआत बाल्यकाल से मानी है। सत्ता पाने की इच्छा बाल्यावस्था से ही बच्चों के मन में पैदा होने लगती है। बच्चों की सारी क्रियाएं इसी इच्छा पर केंद्रित होती हैं। मां की गोद में किसी अन्य बच्चे को देख कर बच्चा अपनी आपत्तिा या विरो ा प्रदर्ि त करता है। सत्ता प्राप्ति की इस इच्छा को मूर्त रूप देने और वह अपने प्रतिद्वंद्वियों को पराजित करने के लिए जिन हथकंडों को अपनाता है, उनमें आगे चलकर झूठ और चुगली वि ोष रूप से जुड़ जाते हैं। चुगली करके जहां वह अपने पक्ष में समर्थन जुटाता है, वहीं दूसरों की स्थिति को कमजोर बनाने का भ्रम भी पालता है।

घर के अंदर और बाहर जब बच्चों का संपर्क साथी बच्चों से होता है, तो वे अपने मन के भावों को दूसरों के समक्ष प्रस्तुत करना चाहते हैं। वे चाहते हैं कि उनके अनुभवों को भी अभिभावक बड़ी रुचि से सुनें, लेकिन अभिभावकों की सोच इसके विपरीत होती है और वे इन अनुभवों को 'बच्चों की बातें' कह कर निरर्थक समझते हैं। इसलिए बच्चे अपने इन अनुभवों को कल्पना शक्ति के पंख लगाकर कुछ इस प्रकार से प्रभावशाली तथा आकर्षक बनाते हैं कि संपर्क में आने वाले लोग इन अनुभवों को महत्व दें। इसलिए बच्चे अपने अनुभवों में झूठ का सहारा लेकर व्यक्त करने लगते है। गुडइनफ के अनुसार जब बच्चों को अपने मन के संवेगों को अभिव्यक्त करने के पर्याप्त अवसर नहीं मिलते और उन्हें अपनी उपेक्षा का भय सताने लगता है, तो वे इस भय से मुक्ति के लिए

कल्पनाओं का खोल ओढ़कर विपरीत परिस्थितियों से झूठ के सहारे समायोजन करने का प्रयास करते हैं। इन प्रयासों में ही वे अपनी कमजोरी को चुगली कर, बहाना बना कर मजबूत करने का प्रयास करते हैं।

चूंकि अभिभावक किशोरों से बड़ी-बड़ी अपेक्षाएं करते हैं, जब कि उन बालकों में सचमुच उतनी योग्यता, प्रतिभा और क्षमता नहीं होती, जैसी कि वे चाहते हैं कि मेरा लड़का डॉक्टर बन जाए, इंजीनियर बन जाए। अभिभावकों की इन अपेक्षाओं को पूरा न कर सकने की निराशा, असफलता का भय उन्हें निरंतर आतंकित करता रहता है, जिससे बचने के लिए बहुत से बच्चे झूठ और चुगली का सहारा लेते हैं।

बच्चे चुगली क्यों करते हैं?

अपनी बात, अपने प्रभाव, अपने वर्चस्व को कोई भी बच्चा कम नहीं होने देना चाहता। इसमें कमी आ जाने का भय मनोवैज्ञानिक संवेग बनकर बच्चों के मन को प्रभावित करता है। साथी बच्चों के प्रति ईर्ष्या के कारण वह इन लड़कों से हमेशा आगे रहना चाहता है। परिवार, कक्षा, मोहल्ले अथवा कार्यक्षेत्र में अपना वर्चस्व बनाए रखने के लिए साथी मित्रों, सहकर्मियों की चुगली कर उनके प्रभाव को कम करना चाहता है।

चुगली का यह आचरण मानसिक हीनता प्रदर्शित करने वाला व्यवहार है। इसके परिणाम कभी अच्छे नहीं निकलते। इसलिए बच्चों में पड़ रही इस आदत को हतोत्साहित करें। आदत ही परिचय क्षेत्र में चुगलखोर का नाम दिलाएगी, जो उसे किसी का भी विश्वास पात्र न बनने देगी। सामाजिक जीवन में ऐसे व्यक्ति ही संपर्क क्षेत्र में अधिक प्रतिष्ठा पाते हैं, जो इधर की बात उधर न करते हों अथवा अपनी बातचीत में गंभीर सोच अपनाते हों।

बच्चों में पड़ी यह आदत ही उन्हें कान भरने वाला बनाएगी और शीघ्र ही वह अपनी मित्र-मंडली से कट जाएगा, क्योंकि ऐसे बच्चे शीघ्र ही साथी बच्चों की नजरों में आ जाते हैं। साथी मित्रों और अपनों से उपेक्षा का यह व्यवहार ही बच्चों को अन्य बच्चों के प्रति हिंसक, प्रतिशोधी सोच वाला बनाता है।

चोर से कह चोरी कर और साहूकार से कह सावधान रह, यह दोगला व्यवहार ही चुगली करने की आदत का एक सच है।

अभिभावक अपने व्यवहार का मूल्यांकन करें

"और क्या कह रही थीं मां जी...? अच्छा, देख, दादी की बातों को ध्यान से सुना कर, मेरे बारे में क्या-क्या कहती है, मुझे आकर बताया कर। अच्छा, सुन, जरा सामने वाली सूरी आंटी के घर जाकर देख करके आ, कौन-कौन बैठा हुआ है? क्या बातें कर रहे हैं? वहीं खेलना और मुझे आकर सारी बातें बताना। यह ले पांच रुपए, कुल्फी ले लेना...और सुन, अभी जो बातें मैं कपूर साहब से कह रही थी, वे किसी को मत बताना...शाबाश...मेरा अच्छा सोनू...!"

बच्चों को ऐसी बातें कहना और फिर एकांत में ले जाकर उनसे पूछना मां के चेहरे की उत्सुकता, जिज्ञासा, प्रसन्नता और अधिक जानने की इच्छा बच्चों की कल्पना शक्ति को और बढ़ाती है। बच्चा वही सब बताना चाहता है, जो मां को पसंद है। मां को अच्छा लगता है, भले ही वह झूठ ही क्यों न हो। मां को प्रसन्न रखने के लिए यदि झूठ का सहारा लिया जाए तो...! बस, कुछ इस प्रकार की सोच और अभिभावकों का व्यवहार बच्चों को झूठ बोलने के लिए प्रेरित करता है। बच्चा अपनी बात रखने के लिए, मां को प्रसन्न करने के लिए, अपना प्रभाव जमाने के लिए झूठ बोलने में कोई बुराई नहीं समझता।

घर में बच्चा देखता है कि मां कदम-कदम पर झूठ बोलती है। कभी दूध वाले को पैसा न देने के बहाने कहती है कि अभी तनख्वाह नहीं मिली। कभी कहती है कि सोनू के पापा बाहर गए हैं। जब कि बच्चा जानता है कि तनख्वाह मिल चुकी है, पापा भी बाहर नहीं गए हैं, तो अवसर आने पर वह भी अपने बचाव के लिए अथवा समायोजन के लिए झूठ का सहारा लेने लगता है। बचपन के पड़े हुए ये संस्कार ही बाद के जीवन की आदतें बन जाती हैं।

एक खतरनाक आदत—चुगली और झूठ

सामाजिक जीवन में ऐसे बच्चे जहां 'मंथरा', 'जयचंद', 'घर का भेदी' जैसे नामों से पुकारे जाते हैं, वहीं घर में ही बच्चों पर इन बातों का बड़ा प्रभाव पड़ता है।

पड़ोस की शांति मौसी जब मम्मी से यह कहती कि "आंटी आप बड़ी भोली हैं, आप दुनियादारी तो समझती नहीं। पांच नम्बर वाली अरोरा मैडम है न, उससे बचकर रहना। सुना है, जादू-टोना जानती है। अगर उसकी बुरी नजर बच्चे को लग जाए, तो...मेरी रेखा तो मरते-मरते बची। न जाने क्यों मोहल्ले में सबसे जलती है और तुम्हारे घर की तरफ़ तो हमेशा देखती रहती है...।"

इस प्रकार की बातें बच्चे बड़े ध्यान से सुनते हैं और फिर अपनी मित्र-मंडली

में बड़े चटखारे ले-लेकर सुनाते हैं। बात एक कान से दूसरे और दूसरे से तीसरे कान तक आ ही जाती है। बस, इसी से लड़ाई होने अथवा संबंध खराब होने में कितना समय लगता है!

यह बताने समझाने की आवश्यकता नहीं कि दीवारों के भी कान होते हैं और बच्चे जिज्ञासा वश औरतों की बातों को अवश्य सुनना चाहते हैं। मोहल्ले-पड़ोस की महिलाएं पहले तो आपकी परम शुभचिंतक बन आपके घर में घुसपैठ करती हैं, फिर आपकी सहानुभूति और विश्वास पाकर, दूसरों की चुगली कर आपकी कमजोरियों से लाभ उठाती हैं। इस प्रकार के व्यवहारों का प्रभाव बच्चों की मानसिकता पर अवश्य पड़ता है और वे घर अथवा बाहर की बातें चुगली के रूप में व्यक्त करने लगते हैं। यह आदत उनके व्यक्तित्व का एक ऐसा दोष बन कर उभरती है, जो उन्हें भावी जीवन में असफल बनाती है।

झूठ बोलना कैसे छुड़ाएं

चुगली और झूठ के इस व्यवहार का संबंध पूरी तरह से बच्चों की कल्पना शक्ति और वर्चस्व स्थापित करने की इच्छा से है। इसलिए इस विषय में बच्चों को अंधविश्वासों पर विश्वास करने के लिए कभी प्रेरित न करें।

चुगली और झूठ का व्यवहार प्रोत्साहन न देकर ही समाप्त किया जा सकता है। इसलिए बच्चों द्वारा चुगली करके जब आपको प्रसन्न करने का प्रयास किया जा रहा हो, तो अति उत्साह अथवा अति प्रसन्नता का प्रदर्शन न करें।

इस विषय में जरसील्ड का कथन है कि झूठ बोलने का एक कारण यह भी है कि बच्चा अपने आपको पारिवारिक अथवा सामाजिक वातावरण में समायोजित नहीं कर पाता। असुरक्षा अथवा शारीरिक दुर्बलता के कारण भी वह झूठ बोलकर, चुगली करके अपनी सुरक्षा के बारे में आश्वस्त होना चाहता है। इसलिए यह बहुत आवश्यक है कि बालक को अभिभावकों का पर्याप्त स्नेह और संरक्षण मिले। वे उसमें विश्वास रखें। इससे जहां वह जीवन में संघर्ष कर सकने के योग्य बनेगा, वहीं अपनी गलतियों और कमजोरियों को नहीं छिपाएगा। बच्चों से हुई गलती को गंभीरता से न लें और उन्हें इस गलती को सुधारने का अवसर दें।

जैसे-जैसे उम्र बढ़ती है, वैसे-वैसे बच्चों में सामाजिक समायोजन की क्षमता भी बढ़ती है, इसलिए यदि बच्चा एक सीमा तक झूठ बोलता है, चुगली करता है, तो इससे घबराने की आवश्यकता नहीं। आप अपना व्यवहार संतुलित रखें। बच्चों को अच्छाई-बुराई समझाएं उसमें आत्मविश्वास जगाएं। उम्र के साथ यह व्यवहार अपने आप शमित होने लगता है।

झूठ और चुगली की आदत से कैसे बचाएं

1. बच्चा झूठ या चुगली द्वारा प्रभावित करना चाहता है, तो आंखें फैला कर चमत्कृत होने का नाटक न करें। छोटा मुंह बड़ी बात के लिए उसे हमेशा हतोत्साहित करें।
2. मोहल्ले-पड़ोस में रहने वालों, घर आने वालों, सह-कुटुम्बियों की निंदा न करें, न उसमें रुचि लें। इससे बच्चे चुगली करना छोड़ देंगे।
3. बच्चों द्वारा कही गई बातों को तर्क, औचित्य और विवेक की कसौटी पर कसें, तभी कोई निर्णय लें।
4. लड़के-लड़की में कोई अंतर न करें। लड़के को अधिक महत्व देकर जहां आप लड़की को उपेक्षित करते हैं, वहीं लड़के को घमंडी, दंभी बनाते हैं। लड़की भैया के प्रति ईर्ष्या-ग्रस्त होने लगेगी और बात-बात में चुगली कर उसे आपकी नजरों में गिराने का प्रयास करेगी।
5. बच्चे का एक झूठ पकड़े जाने पर उसे दंडित न करें। इससे तो वह अगला झूठ और अधिक सावधानी से बोलने का प्रयास करेगा। इसलिए उसके झूठ के इस व्यवहार को शमनकारी व्यवहार से हतोत्साहित करें।
6. बच्चों से जासूसी जैसे कार्य न कराएं। न ही उन्हें इधर का माल उधर भेजने के लिए प्रयोग करें।
7. बच्चों को हमेशा अबोध मान कर उनके सामने चाहे जैसी बातें करना उन्हें चुगली अथवा झूठ के लिए प्रेरित करता है। बच्चों का मन बड़ा निश्छल होता है। वे भी इन बातों को बाहर कह कर संतुष्ट होना चाहते हैं। इसलिए कहते हैं कि बच्चों के पेट में कोई बात नहीं पचती।
8. मैंने तो समझा था...! इस तरह बच्चों के सामने न बोलें। इससे अफवाहें फैलाने और झूठी बातों पर विश्वास करने लगते हैं।
9. दूसरों की किसी कमजोरी, रहस्य, भेद अथवा अंदर की बात को बच्चों के सामने न कहें, न स्वयं चटखारें ले-लेकर इसे मोहल्ले में फैलाएं।

घर के लोगों का आचरण दर्पण के समान है, जिसमें हर व्यक्ति अपना प्रतिबिंब देखता है। —गेटे

चोरी और हेरा-फेरी

बच्चों में चरित्रा संबं ाी स्वाभाविक प्रव त्तियां होती हैं। परिवार के वातावरण, प्रव त्तियां, प्रोत्साहन अथवा तिरस्कार पाकर विकसित अथवा ामित होती हैं। अभिभावकों के संतुलित प्रेम और मार्गद िन से ये प्रव त्तियां अच्छे चरित्रा का निर्माण करती हैं, वहीं अत्या िक लाड़-प्यार, कठोर, उदासीनता आदि बातें बच्चों को हठी, स्वार्थी, चरित्राहीन, भ्रष्ट, झेंपू, दब्बू, क्रो ाी, चोर, मक्कार बनाती हैं। ऐसे बच्चे जहां परिवार और समाज पर बोझ बन अभिभावकों की परे ाानी का कारण बनते हैं, वहीं अपना वर्तमान और भविष्य भी अं ाकारमय बना लेते हैं। ऐसी ही आदत है चोरी और हेरा-फेरी...।

बच्चों में चोरी की आदत किसी एक अभिभावक की व्यथा नहीं, बल्कि ऐसे अनेक अभिभावक हैं, जो बच्चों की इस आदत से परेशान रहते हैं। कई बार रंगे हाथों पकड़ लेने के बाद भी बच्चों में इसका कोई प्रभाव नहीं पड़ता और वे चोरी करने के नए-नए तरीके तलाश ही लेते हैं। आवश्यकता इस बात की है कि बच्चे के चोरी करने के मूल कारणों को जाना जाए और उनको दूर किया जाए। कारण समाप्त हो जाएंगे, तो चोरी की आदत भी दूर हो जाएगी, मगर होता कुछ उलटा ही है। माता-पिता बच्चे की परेशानियों को या तो जानने का प्रयास ही नहीं करते या जानकर भी उन पर ध्यान नहीं देते। अनेक माता-पिता लाड़-प्यार में बच्चे की गलतियों को अनदेखा करके अनजाने में ही गलत आदतों

को बढ़ावा दे देते हैं, तो कई माता-पिता बच्चों से इतनी कठोरता से पेश आते हैं कि पिता के घर में आते ही आतंक छा जाता है, कर्फ्यू-सा लगा जाता है। बच्चे भीगी बिल्ली बन चुपचाप बैठ जाते हैं। मनोवैज्ञानिकों के अनुसार इस प्रकार के आतंक में पले-बढ़े बच्चे शीघ्र ही घर वालों से छिप कर वे सब काम करते हैं, जो उनके अवचेतन में एकत्र होते हैं। अवचेतन की ये इच्छाएं अवसर पाकर अवश्य ही प्रकट होती हैं। भले ही डर के कारण उन इच्छाओं की पूर्ति के लिए ही इन्हें चोरी, झूठ अथवा थोड़ी बहुत हेरा-फेरी करनी पड़े। धीरे-धीरे आदत में आ जाने पर चोरी के इस व्यवहार को बच्चे अपनी अतिरिक्त योग्यता समझ लेते हैं और इसके लिए उनके मन में कभी भी अपराध भाव पैदा नहीं होता।

चोरी और हेरा-फेरी की मजबूरी

बच्चे में चोरी की आदत बनने के अनेक कारण हो सकते हैं। इन कारणों को मोटे तौर पर हम दो भागों में बांट सकते हैं–1. शारीरिक कारण, 2. मानसिक कारण। इन दोनों ही कारणों को शारीरिक आवश्यकताएं, परिवार, समाज, वातावरण और वंशानुगता प्रेरक प्रभावित करते हैं।

1. शारीरिक कारण : शरीर में किसी तत्व की कमी होने पर उसे पाने की इच्छा पैदा होती है। यदि वह वस्तु उपलब्ध नहीं हो पाती, तो बच्चे चोरी-छिपे उसे पाने का प्रयास करते हैं। जैसे शरीर में कैल्शियम की कमी बच्चे को मिट्टी, खड़िया, चॉक आदि खाने को प्रेरित करती है। घर में पता चलते ही माता-पिता ऐसा न करने की बात कहते हैं, डांटते हैं, या मारते-पीटते हैं। ऐसे बच्चे छिपकर खड़िया या मिट्टी आदि खाने लगते हैं। माता-पिता से छिपा कर इच्छा पूर्ति की यह आदत बच्चे को चालाक और दुस्साहसी बनाने लगती है। धीरे-धीरे बच्चा अपनी अन्य इच्छाओं की पूर्ति के लिए वस्तुएं चुराने लगता है। कई बार तो बच्चे घर का सामान चुराकर उसे बेच देते हैं और मिले पैसे से अपनी इच्छाएं पूरी करते हैं। यदि इसी समय बच्चे को नियंत्रित न किया जाए, तो यह आदत बड़े होकर उसे गंभीर अपराध की ओर मोड़ सकती है।

2. मानसिक कारण : चोरी की आदत पड़ने के पीछे कई मानसिक कारण भी होते हैं, जैसे सम्मान पाने की इच्छा बच्चे को खर्चीला बना सकती है और खर्च के लिए बच्चा पैसे की चोरी सीख सकता है। ठीक इसी प्रकार संग्रह की प्रवृत्ति, वस्तुओं के छिन जाने का भय आदि मानसिक कारण बच्चे में चोरी की गलत आदत के प्रति उकसा सकते हैं। इन मानसिक कारणों की वजह बच्चे का

अपना व्यक्तित्त्व, परिवार, मित्र, सामाजिक वातावरण तथा परिस्थितियां आदि हो सकते हैं। विभिन्न प्रकार की प्रेरणाएं बच्चे को चोरी या हेरा-फेरी के लिए प्रेरित कर सकती हैं।

प्रायः छोटे बच्चों में ये प्रेरणाएं उसकी आवश्यकता से जुड़ी होती हैं। बच्चा जब यह समझ लेता है कि आवश्यक चीजों को पाने के लिए पैसा आवश्यक है, तो उसकी चोरी की आदत का प्रमुख केंद्रबिंदु पैसा बन जाता है। बच्चे को इसी प्रारंभिक अवस्था में नियंत्रण में रखना आवश्यक है, जिससे किशोरावस्था की बदली शारीरिक परिस्थितियों में वह अपनी इच्छाओं को पूरी करने के लिए चोरी का सहारा न ले।

अतः माता-पिता को चाहिए कि बाल्यावस्था में ही बच्चे की आवश्यकताओं को जानें, उन्हें पूरी करने या समाप्त करने के लिए धैर्य और सूझ-बूझ से प्रयास करें।

बच्चे की आर्थिक अपेक्षाएं

बच्चा जैसे ही घर से बाहर निकलना शुरू करता है, उसे आस-पास की रंगीन एवं मनमोहक वस्तुएं दिखाई देती हैं। बच्चा इन वस्तुओं को पाना चाहता है। गुब्बारे, टॉफी, पेन, पेंसिल आदि वस्तुओं के प्राप्त करने का उसे एक ही तरीका

दिखाई देता है कि पैसा दो और वस्तुएं प्राप्त करो। अतः पैसे के प्रति बच्चे का ध्यान केंद्रित हो जाता है। जब इच्छित वस्तु खरीदने के लिए उसे पैसा नहीं

मिलता, तो उसकी आवश्यकताएं उसे वस्तु को चुराने या पैसा चुराने के लिए बाध्य कर सकती हैं। इस स्थिति से बच्चे को बचाने के लिए माता-पिता को चाहिए कि वे निम्न बातों पर अमल करें—

बच्चे की आर्थिक अपेक्षाएं : अपने बच्चों की आर्थिक अपेक्षाएं जानें। उन्हें पर्याप्त जेब खर्च दें। दिए हुए इस जेब खर्च के बारे में अधिक खोज-बीन न करें। बच्चों को उनकी आवश्यकता की वस्तुएं स्वयं खरीदने दें। इससे जहां उनकी मानसिक संतुष्टि होगी वहीं वे पैसे का महत्व समझेंगे।

बच्चे में स्वामित्व की भावना : यह एक मनोवैज्ञानिक सच है कि बच्चा पैसे पर अपना अधिकार चाहता है। उसे आप चाहे जेब खर्च कम ही दें, लेकिन दिए हुए पैसे पर उसके इस अधिकार को मान्यता दें। उसका अधिकार मानें। बच्चों द्वारा जमा की गई रकम को भी उसे ही खर्च करने का अधिकार दें। उसकी जमा पूंजी को स्वयं न लें। इससे उसके मन पर बुरा प्रभाव पड़ता है। कई बच्चे पैसे को छिपाने लगते हैं।

अभाव की आशंका को दूर करें : बेहतर हो यदि चोरी करने वाले बच्चे को विश्वास में लेकर उसके नाम से पोस्ट ऑफिस अथवा बैंक में खाता खुलवा दें। इस खाते में उसके नाम अपने सामाजिक स्तर और बच्चे की आर्थिक अपेक्षाओं के अनुरूप पैसा जमा करा दें। इस खाते का स्वामित्व उसे दे दें। इसका मनोवैज्ञानिक प्रभाव यह पड़ेगा कि वह आर्थिक अभाव अनुभव नहीं करेगा और चोरी की आदत का शमन होगा। उसे अपनी आर्थिक आवश्यकताओं के लिए दूसरों की जेब नहीं टटोलनी पड़ेगी, आर्थिक हीनता का सामना नहीं करना पड़ेगा। इस प्रकार के खाते पर थोड़ी नजर अवश्य रखें।

मित्र के साथ पाबंदी लगाएं : बच्चों में पड़ी चोरी की इस आदत को छुड़ाने के लिए यदि उनके मित्रों का सहयोग लिया जाए, तो इसमें सफलता प्राप्त हो सकती है। मित्रों से सहयोग लेने से आशय उनकी किसी प्रकार की सहायता की आवश्यकता नहीं, बल्कि इतना ही काफी है कि अभिभावक उन पर नजर रखें, ताकि बच्चों में चोरी अथवा हेरा-फेरी की आदत ही न पड़े, क्योंकि कभी-कभी उनके मित्र ही उन्हें विवश करते हैं कि वे घर से चुरा कर पैसे लाएं और बच्चे अपने इन मित्रों की उचित-अनुचित फरमाइशों की पूर्ति के लिए घर से पैसे चुरा लाते हैं।

एक साथ पाबंदी लगाएं : जैसा कि देखा जाता है कि बच्चे अपनी 'पोजीशन' बनाने के लिए साथी मित्रों पर खूब खर्च करते हैं। वास्तव में वे साथी मित्रों पर खर्च कर उन पर अपनी संपन्नता, अपने वर्चस्व, प्रभाव को जमाना चाहते हैं। कुछ

चालाक साथी मित्र भी बच्चों की इस कमजोरी का पूरा-पूरा लाभ उठाते हैं और ऐसे लड़कों को अपना 'बॉस' बना कर उनसे खूब खाते-पीते हैं। बच्चे को खर्च करने के लिए पैसा जब तक आसानी से मिलता है, तब तक तो ठीक चलता है, लेकिन जब शीघ्र ही अभिभावकों को फिजूलखर्ची का पता चल जाता है, तो वे बच्चों को दिए जाने वाले खर्च पर प्रतिबंध लगा देते हैं। ऐसे बच्चों पर लगी इस प्रकार की बंदिशें कोई प्रभाव नहीं डालतीं और वे अपने इन खर्चों की पूर्ति के लिए चोरी, हेरा-फेरी करने लगते हैं। बाहर से उधार लेना शुरू कर देते हैं।

धैर्य और समझदारी से काम लें : जब कभी आपको इस बात का पता चल जाए कि बच्चे ने बाहर से उधार लेकर अथवा घर या बाहर चोरी करके अपने बढ़े हुए जेब खर्च की पूर्ति की है या करता है, तो आपे से बाहर न हों और धैर्य के साथ बच्चे को विश्वास में लेकर उसकी कमियों, दोषों को जानें और उसे अपमानित करने के स्थान पर उसे सुधरने का पर्याप्त अवसर दें। भले ही इसके लिए आपको कुछ अतिरिक्त ही खर्च क्यों न करना पड़े, कुछ हीनता ही सहन क्यों न करनी पड़े। बच्चों को सुधरने के लिए पर्याप्त समय व अवसर दें। उनमें घर के प्रति जिम्मेदारियों की सोच विकसित करके ही उसे सुधरने का अवसर प्रदान कर सकते हैं। इसलिए उनमें विश्वास व्यक्त करना बहुत आवश्यक है।

बच्चों की जरूरतों का पूरा ध्यान रखें : बच्चों को उनकी रुचि की पुस्तकें, नई-नई लेखन सामग्री, पत्र-पत्रिकाएं, फोटो एलबम आदि खरीदने के लिए पैसों का अभाव न होने दें। इन वस्तुओं को सजाने, रखने और संभालने के लिए उसे एक कमरा अथवा अलमारी अवश्य दें। जहां बैठ कर वह इन वस्तुओं का उपयोग कर सकेगा और अपनी कल्पना को सृजनात्मक रूप दे सकेगा। आजकल बच्चे अपने-अपने कम्प्यूटर पर नित्य नए-नए अभ्यास करते हैं। इन वस्तुओं का अभाव न होने दें।

चोरी की आदत का प्रचार न करें : बच्चा चोरी करता है, इस सत्य को जान कर भी अनजान बनें। इस बात का प्रचार उसकी मित्र-मंडली में न करें, क्योंकि कभी-कभी बच्चे ऐसा व्यवहार रोमांच और दुःसाहस के रूप में करते हैं। वे इसे चोरी करना नहीं, बल्कि हाथ की सफाई, चतुराई आदि कह कर अपनी विशेषता जताते हैं और मानसिक रूप से संतुष्ट होते हैं।

देर रात तक बाहर न रहने दें : बच्चों को उसकी मित्र-मंडली के साथ देर रात तक घर से बाहर रहने की इजाजत बिल्कुल न दें। बच्चों का देर रात तक बाहर रहना उन्हें बिगाड़ता है और इससे उनमें अनेक दोष आ सकते हैं।

लड़के-लड़कियों के आपसी संबंधों पर नजर रखें : आर्थिक दृष्टि से संपन्न बच्चों के साथ अपने लड़के-लड़कियों के बढ़ते संबंधों पर नजर रखें। ये संबंध अवश्य ही असामान्य व्यवहारों में बदल जाते हैं, जो बाद में बच्चों के भविष्य पर सवालिया निशान लगाते हैं।

वैचारिक दृष्टि से सम्पन्न बनाएं : चोरी का भाव वैचारिक हीनता से उत्पन्न होता है, इसलिए बच्चों को वैचारिक दृष्टि से इतना संपन्न और संतुष्ट कर दें कि चोरी जैसे विचार उनके मन में आने ही न पाएं। चोरी करने की आदत से ग्रसित बच्चे के बारे में थोड़े से धैर्य, विवेक और उसके प्रति अपनी सोच बदल कर देखें, वह आपको अपनी इस आदत के कारण स्वयं ही दुखी, उदास दिखाई देगा। बस, अभिभावक इसी अवसर की तलाश में रहें और बच्चे में पैदा हुए इस विवेक का इस्तेमाल उसके हित में उपयोग करें। उसे नैतिक कथाओं के माध्यम से चोरी न करने की शिक्षा दें। उसे आत्मविश्वास और सम्मान से जीना सिखाएं। इससे उसकी आदत छूट जाएगी।

आशय यह है कि बच्चों में चोरी अथवा हेरा-फेरी की पड़ी हुई आदत अथवा व्यवहार उनके जीवन की एक ऐसी समस्या है, जिसका समय पर समाधान हो सकता है, दृढ़ता पाकर चोरी की आदत छूटना असंभव नहीं, तो कठिन अवश्य होता है।

समाधान

1. बच्चों की आवश्यकताओं को जानें, उन्हें समय पर पूरा करें। बच्चों को पारिवारिक आर्थिक स्थिति का अहसास कराएं। उससे कुछ छिपाने की अपेक्षा बताना ही अधिक श्रेयस्कर होगा।

2. बच्चों को अपने हाथों उनकी इच्छा के अनुसार कुछ खर्च करने के अवसर अवश्य दें। भले ही वह घर का सामान लाना ही क्यों न हो, बच्चों में इस प्रकार का व्यक्त किया गया विश्वास उन्हें हेरा-फेरी के प्रति हतोत्साहित करता है।

3. बच्चों को अवस्था के अनुकूल पर्याप्त जेब खर्च दें। इस जेब खर्च का हिसाब न लें, लेकिन इस जेब खर्च की सत्यता का मूल्यांकन अपने स्तर पर अवश्य करें।

4. घर के छोटे-मोटे खर्च बच्चों से ही कराएं। इससे जहां उनमें उत्तरदायित्व की भावना विकसित होगी, वहीं उन्हें आर्थिक क्रियाओं की भी जानकारी

रहेगी। वे रुपए के महत्व को समझेंगे। इससे उनमें फिजूलखर्ची की आदत नहीं पड़ेगी।

5. बच्चों के मन में संवेगात्मक तनावों को न बढ़ने दें। क्रोध, भय और असुरक्षा की भावना चोरी के लिए प्रेरित करती है।

6. बच्चों की मित्र-मंडली समान आर्थिक और सामाजिक स्तर की हो, उनमें वैचारिक समानता भी हो। इस प्रकार की मित्र-मंडली बच्चों में चोरी की आदत नहीं पड़ने देती।

7. बच्चों द्वारा घर में लाई गई वस्तुओं पर नजर रखें। ऐसा न हो कि बच्चे चोरी अथवा हेरा-फेरी का सामान घर में लाते रहें और उनके संबंध ऐसे बच्चों से हो जाएं, जो आपके बच्चे का उपयोग सामान बेचने में करने लगें। यह हो सकता है कि आपका बच्चा चोरी की किसी हरकत में प्रत्यक्ष रूप से संबद्ध न हो, लेकिन अप्रत्यक्ष रूप से चोरी में शामिल होना भी कम अपराध नहीं है।

8. बच्चों को इतना साहसी और विवेकशील बना दें कि वे गलत काम का विरोध कर अपने आपको ऐसे कार्यों से दूर रख सकें।

9. बच्चों को अभावों में भी प्रसन्न रहना सिखाएं।

10. अभिभावक अभावों को अभिशाप न समझें और न ही अनुचित साधनों से संपन्न होने की इच्छा मन में लाएं।

धन की भूख रिश्तों की मधुरता को खा जाती है।

—वीरेन्द्र कुमार जैन

ज़िद और जीवन पर उसका प्रभाव

> पेड़ चाहे पीपल का हो अथवा बरगद का, मूल रूप में वह भी एक छोटा सा बीज होता है। ज़िद का नन्हा सा बीज परिवारी जनों से प्रोत्साहन पाकर ऐसा लहलहाता है कि बच्चे के संपूर्ण व्यक्तित्व को दबा लेता है। अतः इस बारे में विशेष सतर्कता जरूरी है। मन में आने वाली किसी वस्तु को तत्काल पा लेने की तीव्र इच्छा ज़िद कहलाती है। इस इच्छा की पूर्ति न होने पर बाल मन में पैदा हुए विकार उसे शारीरिक और मानसिक रूप से तो उग्र बनाते ही हैं, साथ ही यह उग्रता उसके संपूर्ण जीवन को प्रभावित भी करती है। ज़िद के कारण बच्चों में बिगाड़ की शुरूआत, उसकी उग्रता एवं विस्तार तथा जीवन पर प्रभाव, एक मूल्यांकन।

ज़िद का मनोविज्ञान

किशोरावस्था को प्राप्त बच्चे किसी भी प्रकार का अभाव या निराशा सहन नहीं करना चाहते, वे अपनी इच्छाओं, आवश्यकताओं की पूर्ति हर प्रकार से कर लेना चाहते हैं। घर के अंदर और घर के बाहर जहां एक ओर वे साथियों से समायोजन कर परिवार में प्रतिष्ठा पाना चाहते हैं, वहीं थोड़ी-सी असफलता, निराशा और उपेक्षा भी सहन नहीं कर पाते। क्रोध तो जैसे हमेशा उनकी नाक पर ही धरा रहता है। वह बहुत जल्दी उग्र हो जाते हैं। मनोवैज्ञानिकों के मतानुसार इसका कारण यह है कि ज़िद की अवस्था में अंतःस्रावी ग्रन्थियों से कुछ ऐसे

उत्तेजक स्राव निकलते हैं, जो पूरे शरीर को एक विशेष उत्तेजना से भर देते हैं और मन को व्यग्र कर देते हैं। उत्तेजना की इस अवस्था में शरीर अपनी गतिविधियां सामान्य नहीं रख पाता। परिणाम बच्चा ज़िद पर अड़ जाता है। ज़िद के इन क्षणों में उसे भूख-प्यास भी नहीं लगती। यदि उसकी ज़िद की पूर्ति न की जाए, तो इसके बुरे प्रभाव बच्चों में रोग के रूप में प्रकट होने लगते हैं। ज़िद का सीधा संबंध बच्चों के मन से होता है, इसलिए यदि बच्चों की ज़िद लंबी देरी तक नहीं मानी जाती, तो रोग भी उसकी मानसिक अवस्था को प्रभावित करने लगते हैं। जैसे-जैसे बच्चा बड़ा होता जाता है, उसके शरीर पर उसके मन का प्रभाव भी बढ़ता जाता है, लेकिन मस्तिष्क का विकास अपनी निर्धारित गति से होता है। यही कारण है कि ज़िद करते समय बच्चा बुद्धि अथवा तर्क से उस वस्तु अथवा इच्छा के बारे में नहीं सोचता। वह तो भावनाओं के वशीभूत होकर बिना सोचे ही मन-ही-मन अच्छी लगने वाली वस्तु को पा लेना चाहता है, भले ही वह वस्तु उसके लिए उपयोगी न हो।

एक विशेष बात और है कि बुद्धि की अविकसित अवस्था के कारण भावनाएं जितनी तीव्रता से पैदा होती हैं, उतनी शीघ्रता से ही समाप्त भी हो जाती हैं। इसलिए यदि उस समय उसका ध्यान उस वस्तु से हटा कर किसी अन्य वस्तु पर केंद्रित कर दिया जाए, तो तुरंत उसकी इच्छा बदल भी जाती है। इसलिए ज़िद के मनोविज्ञान को समझकर ही बच्चों की इस आदत अथवा व्यवहार को स्वीकारना चाहिए।

ज़िद के प्रमुख कारण

जिज्ञासा : जब बच्चा अपने आसपास की नई-नई वस्तुओं को देखता है, तो उनके बारे में जानने की स्वाभाविक इच्छा जिज्ञासा के रूप में स्मृति पटल पर प्रभाव जमाने लगती है। तब उस वस्तु को वह जहां भी देखता है, उसकी इच्छा साकार रूप लेने लगती है और वह उसकी मांग करने लगता है। वह अपनी इस जिज्ञासु प्रवृत्ति को घर में रखी वस्तुओं को देखकर, चखकर, छूकर यहां तक कि तोड-फोड़ कर पूरी कर लेना चाहता है। यहां तक कि वह जलती हुई मोमबत्ती अथवा दीपक की लौ को भी पकड़ कर देख लेना चाहता है। यदि उसे मना किया जाता है, तो वह अपना विरोध रो अथवा मचल कर प्रकट करता है।

सामाजिक भावना से लगाव : जब एक बार बच्चा बाजार, मेले, स्कूल, होटल, त्योहार की चमक-दमक देख लेता है, तो उसके मन में इन स्थानों से संबंधित

रंग-बिरंगी चहल पहल देखने की इच्छा साकार होने लगती है और वह बार-बार इनके लिए ज़िद करने लगता है। इन स्थानों पर जाना चाहता है।

मनोरंजन : बच्चे जब एक बार टी.वी. देख लेते हैं, तो फिर वहां से हटना ही नहीं चाहते। कार्टून फिल्में देखने का शौक इन्हें यहीं से लगता है। यही शौक उन्हें हर तरह के टी.वी. प्रोग्राम देखने के लिए उकसाता है। घूमना-फिरना, नई-नई जगहों को देखना इनकी आदत बन जाती है, जो बाद में ज़िद का कारण बनती है।

एकरसता, ऊब और वितृष्णा : एक ही कार्य, व्यवहार, करते-करते बच्चे का मन ऊब जाता है। स्कूल में प्रतिदिन उसे गणित, विज्ञान और इतिहास से संबंधित विषय पढ़ाए जाते हैं। वह इन्हें सुन-सुन कर ऊब जाता है, इसलिए स्कूल से भाग कर पार्क, सिनेमा, रेलवे स्टेशन या अन्य ऐसे स्थानों पर आ जाता है, जहां अच्छा लगता है। इन स्थानों पर वह ऐसे लोगों के संपर्क में आ जाता है, जहां झूठ बोलना, चोरी करना अथवा अन्य प्रकार के दुर्व्यसन सीख जाता है। छोटे बच्चे दूध न पीने की ज़िद इसलिए करते हैं कि उन्हें इससे ऊब हो जाती है, फिर आप चाहे उन्हें कितना ही समझाएं, उन पर इसका कोई प्रभाव नहीं पड़ता।

आधुनिक प्रगतिशील सोच और रहन-सहन का प्रभाव : सलोनी कॉलेज जाने के लिए बाइक की ज़िद कर रही है। बाइक का आकर्षण उसे अपनी उन सहेलियों के कारण प्रेरित कर रहा है, जिनके पास बाइक है। बाजार में अथवा टी.वी. पर देखे गए विज्ञापनों का प्रभाव भी बच्चों को उस वस्तु विशेष की ओर आकर्षित करता है और उनकी यह इच्छा ज़िद का रूप धारण करने लगती है। विज्ञापित वस्तुएं इनकी आवश्यकता बन जाती हैं और इन्हें लेने की ज़िद करने लगते हैं।

प्रभुत्व पाने की इच्छा : जैसे-जैसे बच्चे का सामाजिक क्षेत्र बढ़ता है, वैसे-वैसे उसमें दूसरों पर अपना प्रभाव, वर्चस्व और अधिकार जमाने की इच्छा प्रबल होने लगती है और अपनी इस इच्छा की पूर्ति के लिए वह दूसरे लोगों पर अपना प्रभाव जमाने लगता है। यदि कहीं उसकी इस इच्छा में कोई बाधा आती है, तो उसको दूर करने के लिए प्रतिशोध की भावनाएं पैदा होने लगती हैं। ऐसे बच्चे अपनी जिद के कारण कोई सटीक अथवा न्याय संगत निर्णय तो ले नहीं पाते, इसलिए घमंडी, स्वार्थी, और चोर प्रवृत्ति के हो जाते हैं। समग्र रूप से कह सकते हैं कि ज़िद के कारण बच्चे जब अपने प्रभुत्व में कमी आते देखते हैं, तो वे दुराग्राही हो जाते हैं। घर के बाहर जब बच्चों का व्यवहार असामान्य होने लगता है और शिकायतें घर तक आने लगती हैं, तो अभिभावक उन्हें बार-बार

टोकते हैं, डांटते हैं, उन पर आज्ञाओं, आदेशों और उपदेशों की बौछार करने लगते हैं। जब कि बच्चों पर इनका कोई प्रभाव नहीं पड़ता है। यहां तक कि बच्चे अभिभावकों की परवाह ही नहीं करते। बच्चों और अभिभावकों में सोच का यह अंतर ही उन्हें घर से दूर करने लगता है। जहां अभिभावक तो दुखी होते ही हैं, वहीं बच्चे भी लक्ष्य से दूर होने लगते हैं। पारिवारिक तनाव बढ़ने लगते हैं और इन तनावों के कारण ही अभिभावक कई प्रकार की परेशानियों में घिर जाते हैं।

दमित इच्छाएं : पैसे अथवा साधनों के अभाव में बच्चों के मन में अनेक इच्छाएं दब कर रह जाती हैं। ऐसी इच्छाएं अवसर पाकर प्रकट होने लगती हैं और बच्चे इन्हें प्राप्त करने के लिए जिद करने लगते हैं। जब बच्चों का मन भरा हो, तो इन दमित इच्छाओं के पैदा होने का सवाल ही पैदा न होगा।

वातावरण : कुछ इच्छाएं वातावरण पर निर्भर करती हैं। मेले में बच्चों की इन इच्छाओं को पूरा कर पाना हर अभिभावक के लिए कठिन होता है, क्योंकि मेले का वातावरण बच्चों के मन में अनेक इच्छाएं पैदा करने लगता है। इसी प्रकार चकाचौंध भरे ऐसे ढेरों और आकर्षण होते हैं, जो बच्चों को प्रभावित करते हैं।

बच्चों के तन-मन पर ज़िद के दुष्प्रभाव पड़ते हैं

ज़िद बच्चों को दंभी और अहंकारी बनाती है : ज़िद, लाड़-प्यार और आर्थिक संपन्नता पर बच्चों का भविष्य निर्भर करता है। ज़िद बच्चों को अहंकारी और दंभी बनाती है। योग्यता, प्रतिभा और क्षमता के अभावों के होते हुए भी ये दंभी बच्चे इच्छित वस्तु अथवा सफलता को किसी भी प्रकार से पा लेना चाहते हैं। इसलिए अनुचित साधनों का उपयोग करने से भी नहीं चूकते। यदि उन्हें अभिभावकों का प्रोत्साहन भी मिलने लगे, तो बच्चे अपराध की गलियों में पहुंच जाते हैं, क्योंकि ऐसे बच्चों के सामने साधनों की पवित्रता का कोई अर्थ नहीं होता।

अपराधों की ओर खुलते रास्ते : बच्चे कभी-कभी ज़िद को पूरा करने के लिए अपनी अनुचित इच्छाओं की पूर्ति के लिए हथकंडे अपनाते हैं। चूंकि पिता उनकी इस प्रकार की इच्छाओं की पूर्ति करने में सहायक नहीं होते, इसलिए ऐसे बच्चे मां का सहारा लेते हैं और मां की ममता और उदारता का अनुचित लाभ उठाते हैं। ये बच्चे अपनी ज़िद को प्रतिष्ठा का प्रश्न बना कर कुछ ऐसे जोखिम पूर्ण कार्य भी करते हैं, जिनमें सफलता का प्रतिशत कम ही होता है। ऐसे बच्चे ही कानून की नज़रों में अपराधी होते हैं और उन्हें कानून सजा भी देता है। इन

बच्चों का कभी-कभी अंत बहुत बुरा होता है। इसलिए कहते हैं कि अपराधियों का जीवन लंबा नहीं होता।

आत्महीनता : बच्चे अपनी अनुचित इच्छाएं, मांगें, फरमाइशें ज़िद करके पूरी करा लेते हैं, इसलिए वे सामाजिक रूप से समन्वय करने में असफल हो जाते हैं। इसलिए अभिभावकों को चाहिए कि वे बच्चों की अनुचित इच्छाओं की पूर्ति कर सकें। उन्हें वास्तविकताओं से परिचित कराएं। यदि बच्चा फिर भी न माने, तो उसे अपने मत अथवा तर्क का औचित्य प्रतिपादित करने के लिए कहें। उससे विचार-विमर्श कर अपनी बात को तर्क संगत आधार दें। इस प्रकार से परस्पर संवाद स्थापित कर किसी सर्व सम्मत निर्णय पर पहुंचें। यह व्यवहार पाकर बच्चे ज़िद को छोड़ देंगे और उनमें ज़िद करने की आदत नहीं पड़ेगी। साथ ही उन्हें परिश्रमी और आत्मनिर्भर भी बना सकेंगे।

ज़िद रोकने के कुछ सामान्य उपाय

बच्चों में स्वेच्छाचारिता न बढ़े, इसके लिए आवश्यक है कि आप उन्हें ज़िद्दी बनने से रोकें। इस विषय में उन्हें साथ लेकर सोचने-समझने के अवसर प्रदान करें–

1. बच्चा जैसे ही किसी वस्तु को प्राप्त करने की इच्छा अथवा ज़िद करे, उसे कुछ समय सोचने-समझने के लिए दें, ताकि वह अपनी इस इच्छा पर एक बार पुनः विचार कर सके। आप देखेंगे कि इस प्रकार की सोच का उस पर अच्छा प्रभाव पड़ेगा और वह ज़िद करना छोड़ देगा।

2. आप जानते हैं कि ज़िद का प्रभाव बच्चों के संवेगों से प्रभावित होता है, इसलिए उनके इस तरह संवेगों को भी शमित करने के प्रयास करें। ज़िद का प्रभाव शून्य हो जाएगा।

3. बच्चों की इच्छा की पूर्ति पर उसकी ज़िद को भी शमित किया जा सकता है। यदि बच्चा एक रुपया मांग रहा है, तो आप उसे पचास पैसे वाला सिक्का दे कर भी कुछ हद तक संतुष्ट कर सकते हैं।

4. बच्चे में पैदा हुई किसी इच्छा को यदि आप पूरा नहीं कर सकते, तो उसका ध्यान दूसरी इच्छा की ओर कर दें, जिसे आप पूरी कर सकने में सक्षम हैं। ऐसे में भी ज़िद का प्रभाव कम हो जाएगा और बच्चा अपनी इस इच्छा को भूल जाएगा।

5. बच्चों को आश्वासन न दें। यदि आश्वासन दिया है, तो उसे पूरा अवश्य करें, अन्यथा बच्चे के मन में आपके प्रति अविश्वास की भावनाएं

घर करने लगेंगी और आपके लिए उसके मन में अच्छे विचार पैदा नहीं होंगे।

6. बच्चों से किए गए वायदे पूरे करें। इसलिए वायदा सोच-समझ कर करें, केवल बहलाने के लिए न करें।
7. अनुचित इच्छा की पूर्ति न करें, भले ही आपको उसे डांटना पड़े। हां, अपने इस विरोध का कारण यदि आप बच्चों को समझा सकें, तो इसका अच्छा प्रभाव पड़ेगा।
8. यदि आपने बच्चों को एक बार किसी बात के लिए मना कर दिया है, तो किसी अन्य की सिफारिश पर उन्हें वह सब करने की इजाजत न दें। इससे बच्चों के मन पर अच्छा प्रभाव नहीं पड़ेगा।
9. अपनी कथनी और करनी में भेद न आने दें। यदि आप चाहते हैं कि बच्चा कोई काम अथवा व्यवहार न करे, तो स्वयं भी वैसा न करें। स्वयं धूम्रपान करना और बच्चों को मना करना उन्हें दुराग्राही बनाएगा और वे इसे अवश्य करेंगे।
10. बच्चों के सामने अपनी विवशता, हीनता का रोना न रोएं। न ही बच्चों की सहानुभूति पाने की सोच मन में लाएं।

> *ज़िद के संदर्भ में इस सत्य को खुले दिल से स्वीकारें कि गर्म लोहे को ठंडा लोहा काटता है।*
>
> **–एक ाा वत सत्य**

ईर्ष्या और जलन

> दूसरों की प्रगति, सफलता, उपलब्धियों पर प्रसन्न होने की अपेक्षा इन्हें फूटी आंख न देख सकने की भावना और ऐसी मानसिक सोच ही ईर्ष्या है। इस भावना, व्यवहार, सोच का प्रभाव बच्चों के वर्तमान और भविष्य पर पड़ता है। ईर्ष्या के कारण बच्चों के मन में भय, हीनता और प्रतिशोध की भावनाएं पैदा होती हैं, जो उन्हें असफल तो बनाती ही हैं, उन्हें बिगाड़ती भी हैं।

लड़का अथवा लड़की, जो अभी तक परिवार में सभी के स्नेह और आकर्षण का केंद्र था, छोटे भाई अथवा बहन के पैदा हो जाने पर उसके प्रति सहज रूप से ही ईर्ष्यालु हो जाएगा।
—सावित्री देवी वर्मा

ईर्ष्या के संबंध में सावित्री देवी वर्मा की यह व्याख्या एक ऐसी सर्वमान्य सच्चाई है, जो सरलता से सबके गले उतर जाती है। सच तो यह है कि ईर्ष्या के कारण ही बच्चे अपने सामाजिक परिवेश में दूसरों की सफलता, प्रगति को सहज, सरल रूप में नहीं स्वीकारते और हमेशा उनकी इस प्रकार की सफलता अथवा प्रगति में कहीं-न-कहीं कमी ही देखते हैं। इस प्रकार की सोच जहां बच्चों को दूसरों की नज़रों से गिराती है, वहीं कभी-कभी तो वह अपनों की ही नजरों से गिर जाता है, क्योंकि इस प्रकार की ईर्ष्या तनाव, क्रोध, आत्महीनता के सिवाय कुछ नहीं देती।

लड़के चाहे बाल्यावस्था में हों अथवा किशोरावस्था में अपनी व्यक्तिगत कमजोरियों के कारण पढ़ाई-लिखाई, खेल-कूद आदि में जब अपेक्षित सफलता प्राप्त नहीं कर पाते और देखते-ही-देखते उसके साथ के अन्य लड़के अपनी योग्यता अथवा प्रगतिशील सोच के कारण सुलभ साधनों के सहारे कहीं-के-कहीं पहुंच जाते हैं, तो असफल बच्चे बिना कुछ सोचे समझे दूसरों की सफलता, प्रगति को कोसने लगते हैं। उनके प्रति अनिष्ट की कल्पना करने लगते हैं। यहां तक कि कभी-कभी तो उनकी सफलता में बाधा भी उत्पन्न करने लगते हैं।

इस स्थिति में असफल बच्चे कुंठित हो जाते हैं और सफल साथियों के प्रति उनका व्यवहार शुष्क, नीरस और प्रतिशोधी हो जाता है। इस प्रकार का व्यवहार दूसरों को अच्छा नहीं लगता, इसलिए वे ईर्ष्यालु बच्चों से कन्नी काटने लगते हैं। उन्हें अकेला बनाते हैं। निष्कर्ष रूप में हम कह सकते हैं कि ईर्ष्या जन्य व्यवहार बच्चे को एकाकी बनाता है। उसकी सहनशक्ति को प्रभावित करता है। लड़ना-झगड़ना ऐसे बच्चों की आदत बन जाती है। ऐसे बच्चे मार-पीट करने वाले, चिड़चिड़े, सनकी और आक्रामक हो जाते हैं। दूसरों को नीचा दिखाना, दूसरों की बुराई करते रहना, चुगली करना, दोषारोपण करना, झूठ का सहारा लेना, दूसरों में बुराइयां ढूंढना उनकी आदत बन जाती है। आत्म संतुष्टि का यह ओढ़ा हुआ व्यवहार शीघ्र ही बेअसर होने लगता है।

साधारणतया ईर्ष्या का कारण अपने आपको दूसरों से श्रेष्ठ प्रदर्शित करना होता है। इसलिए ईर्ष्या की अभिव्यक्ति भय, हीनता, क्रोध जैसे संवेगों से प्रभावित होती है। जब भी बालक के सम्मान अथवा अहम् पर चोट लगती है, तो उसके मन में उस व्यक्ति के प्रति ईर्ष्या भाव पैदा होता है। जब कोई बालक यह देखता है कि परिवार, कक्षा, स्कूल अथवा कॉलेज में कोई दूसरा बालक उसका स्थान, पद, सम्मान, जगह छीन रहा है, तो वह उससे ईर्ष्या करने लगता है। यह ईर्ष्या ही कभी-कभी हिंसक हो उठती है। खेल में अथवा छात्र संघों के चुनाव में यह ईर्ष्या इतनी खुलकर सामने आती है कि कानून और व्यवस्था तक को प्रभावित करने लगती है।

ईर्ष्या अभिव्यक्ति के माध्यम

ईर्ष्या चाहे व्यक्तिगत कारणों से हो अथवा सामाजिक कारणों से, अवसर पाकर इसकी अभिव्यक्ति अवश्य होती है। कुछ अभिव्यक्तियां इस प्रकार हैं–

1. प्रतिद्वंद्वी के प्रति क्रोध, शत्रुता अथवा घृणा का भाव प्रदर्शन कर या फिर झूठे आरोप लगाकर उसे बदनाम करके।
2. प्रतिद्वंद्वी को आर्थिक अथवा सामाजिक हानि पहुंचा कर। चुनाव में हरा करके।
3. अंदर-ही-अंदर प्रतिद्वंद्वी के प्रति जलन भावनाओं की अभिव्यक्ति कर अथवा उसके प्रभाव को खत्म करके।
4. गाली-गलौच कर, यहां तक कि कभी-कभी मारपीट करके।
5. प्रतिद्वंद्वी से अपने आपको श्रेष्ठ साबित कर। उसे सामाजिक रूप में नीचा दिखाकर। उसका सार्वजनिक जीवन में अपमान करके।

ईर्ष्या के कुछ सामान्य कारण

जैसा कि बताया जा चुका है कि ईर्ष्या एक मानसिक हीनता भरी सोच है। इसके अनेक कारण हो सकते हैं, लेकिन इसके समाधान कहीं अधिक प्रभावी सिद्ध हो सकते हैं। आगे बिंदुवार इसे देखें–

1. सभी प्रकार की हीनताओं का कारण प्रायः योग्यता, क्षमता, विवेक, साहस की कमी होते हैं। इसलिए अपने बच्चों को उनकी अवस्था के अनुसार योग्य बनाएं, ताकि उनमें किसी प्रकार की हीन भावनाएं पैदा न हों।
2. जहां तक हो सके बच्चों के स्वास्थ्य पर विशेष ध्यान देंखें। दिनचर्या को नियमित बनाएं। बीमार और दुर्बल बच्चों में संवेगों का तीव्र प्रभाव होता है। उन्हें अपनी हीनताओं पर क्रोध भी अधिक आता है।
3. बच्चों को साथी मित्रों के सामने अपमानित न किया करें।
4. उन्हें नकारात्मक आदेश न दें।
5. उन्हें उनकी सामर्थ्य के बाहर कार्य करने के लिए न कहें।
6. बच्चों को खाली न बैठने दिया जाए, उन्हें हमेशा किसी-न-किसी काम में लगाए रखें। खाली दिमाग शैतान का घर होता है और वह कुछ भी शैतानी करने लगेगा।
7. लड़के-लड़की के साथ हमेशा समान व्यवहार करें। एक के सामने दूसरे की बुराइयों, हीनताओं, दोषों की चर्चा न करें। न ही एक-दूसरे से तुलना कर प्रतिद्वंद्विता की भावना पैदा करें।
8. जहां तक हो, बच्चों की किसी ज़िद अथवा दुराग्रह को न स्वीकारें। इस प्रकार के व्यवहार ही बच्चों को एक-दूसरे से ईर्ष्या करने के लिए प्रेरित करते हैं।

9. एक बच्चे की वस्तु छीन कर दूसरे को न दें।
10. जब बच्चा किसी बात के लिए ज़िद कर रहा हो, मचल रहा हो, तो ऐसे व्यवहारों के लिए उसे मारपीट कर, अपमानित कर और अधिक उत्तेजित न करें। अन्यथा उसके मन में उपजी ईर्ष्या हिंसक रूप धारण कर सकती है और वह इन क्षणों में कोई भी आत्मघाती कदम उठा सकता है।

कुछ घरेलू समाधान

मनोवैज्ञानिकों का मत है कि ईर्ष्या भाव शमित किए जा सकते हैं। अतः अभिभावक अपने बच्चों के मन में पैदा हुए इन मनोविकारों को दूर करने के लिए अपनी ओर से कुछ सार्थक प्रयास करें। इस प्रकार के घरेलू समाधान जहां बच्चों के मन में उपजे विकारों को शमित करेंगे, वहीं उनकी सोच भी व्यापक होगी। अतः अभिभावक निम्नांकित व्यवहारों पर ध्यान दे, जिससे बच्चों को शिक्षा मिले–

1. अपने आपको योग्य, प्रतिभाशाली, प्रभावशाली, सम्पन्न, सुंदर, बुद्धिमान और औरों से विशिष्ट न मानें, बल्कि अपने आपको एक सामान्य सामाजिक प्राणी मान कर सबको मान प्रतिष्ठा दें।
2. अपने परिचितों, मित्रों, शुभचिंतकों, पड़ोसियों, सहकर्मियों सह-कुटुम्बियों के दुःख-दर्द में शामिल हों, उनसे पूरी-पूरी सहानुभूति रखें। उनकी खुशी-ग़म में पूरे मन से हिस्सा लें। उनकी कुशलता जानें, फोन आदि पर उनके बारे में जानकारी प्राप्त करते रहा करें। यदि कहीं आवश्यक हो, तो उन्हें सहायता भी दें।
3. घर आए मेहमानों का हार्दिक स्वागत करें, उनके साथ बैठकर आत्मीयता प्रकट करें। आपका आत्मीय व्यवहार मेहमान के दिल में आपको हमेशा सम्मान सूचक स्थान दिलाएगा और आप उनके प्रति समर्पित होंगे। उनके मन में भी आपके प्रति वैसे ही भाव प्रकट होंगे।
5. अपने मित्रों, परिचितों, सह-कुटुम्बियों से बच्चों के सामने अपनी हीनताओं का रोना न रोया करें और न ही दूसरों की समृद्धि, सम्पन्नता, सफलताओं पर अपनी भाग्यहीनता का रोना रोएं। इससे आपके बच्चों के मन में हीन भावनाएं जागृति होंगी और ईर्ष्या भाव उमड़ेगा, जो उन्हें किसी के साथ भी समायोजित न होने देगा। अपनी समस्याओं का समाधान अपने स्तर पर करें।
5. अपने सामाजिक और पारिवारिक जीवन में प्रसन्नता, उत्साह, उमंग

और खुशी के साथ अवसरों पर जी खोल कर हंसें, प्रसन्न हों, दूसरों का साथ दें। दूसरों के साथ किए गए सहयोग, उदारता और सौजन्य को अहसान समझ कर प्रदर्शित न करें, बल्कि इसे अपने स्तर का मानवीय कर्त्तव्य समझकर करें।

6. हमेशा दूसरों को जली-कटी सुनाने, व्यंग्य करने अथवा ताने मारने का व्यवहार न करें। न ही ईंट का जवाब पत्थर से देने की मानसिक सोच मन में लाएं। पारिवारिक विवादों को अपनी ओर से तूल न दें।

7. दूसरों से बड़ी-बड़ी अपेक्षाएं करें। दूसरों से अपेक्षा करने से पहले यह सोचें कि आप उनकी अपेक्षाओं पर कितने खरे उतरे हैं। आपने उनके साथ कैसे संबंध बनाए हैं। प्रत्युत्तर में आपके मन में उनके प्रति कोई ईर्ष्या भाव पैदा नहीं होगा। अतः इस प्रकार की सोच को व्यावहारिक आधार दें। आपका बोझिल मस्तिष्क हलका होने में समय न लगेगा।

8. दूसरों की प्रसन्नता को खुले दिल से स्वीकारें। दूसरों की सफलताओं पर अपनी ओर से शुभ कामनाएं दें। अपने स्नेह और मधुर मुस्कान से उनके मन में उपजी ईर्ष्या को कम करें। आपका नम्र व्यवहार उन्हें अपनी सोच पर पुनः विचार करने के लिए विवश करेगा और उनके मन में आपके प्रति उपजा ईर्ष्या भाव काफूर हो जाएगा।

9. दूसरों की मेहनत को जब भी फलीभूत होते देखें, अपनी ओर से खुले दिमाग का परिचय दें। उन्हें आशीर्वाद, शुभकामनाएं देकर उत्साहित करें। ऐसे स्थानों पर स्वयं पहुंच कर उन्हें अपनी भावनाओं से परिचित कराएं। यहां तक कि यदि अवसर ठीक हो, तो कुछ उपहार भी दें।

10. हमेशा दूसरों के गुणों, विशेषताओं, सफलताओं, प्रगति की चर्चा अवश्य करें। इससे आपके मन में उनके लिए कोई ईर्ष्या भाव पैदा ही नहीं होगा।

11. यदि आप बड़े हैं, तो अपने कार्य-व्यवहार, सोच में अपने इस बड़प्पन को प्रदर्शित करें। अपने सामाजिक जुड़ाव को सम्मानजनक संबोधनों से नए नाम दें।

हम इसलिए दुखी नहीं कि हम अभावग्रस्त हैं, बल्कि इसलिए दुखी हैं कि लोग इतने सुखी क्यों हैं।
— डॉ. डी.सी. चौधरी

आलस्य, पढ़ाई में ऊब, काम से जी चुराना

> मनोविज्ञान के अनुसार बाल्यावस्था और किशोरावस्था अंतर्द्वंद्व की अवस्था होती है। इस अवस्था में बच्चों को संभालना कठिन होता है। पढ़ाई-लिखाई के प्रति रुचि-अरुचि और जीवन के प्रति उत्साह-निराशा जहां एक ओर उन्हें क्रियाशील बनाती है, वहीं इसके विपरीत संवेग उन्हें तनाव और दुश्चिंता की ओर बढ़ाते हैं। ऐसे में अभिभावकों की उपेक्षा उन्हें विद्रोही बना देती है। चूंकि इस अवस्था में उसका संपर्क बाहरी जगत से भी होने लगता है। यौन भावनाएं और विचार भी मन में हिलोर लेने लगते हैं। ऐसे में आलस्य, पढ़ाई के प्रति उत्साहहीनता, काम से जी चुराना आदि ऐसे व्यवहार हैं, जो उन्हें बिगड़ने की राह पर ले जा सकते हैं। ऐसी स्थिति में बच्चे को कैसे सुधारें, एक विवेचन...।

आलस्य

आलस्य छात्र जीवन का सबसे बड़ा शत्रु है, जो बच्चों के जीवन की सारी क्रियाओं को प्रभावित करता है। चूंकि छात्र जीवन निर्माण की अवस्था होती है, इसलिए यदि छात्र के जीवन में आलस्य घर कर लेता है, तो उसका निर्माण अवरुद्ध हो जाता है। आलसी बच्चे जीवन के किसी भी क्षेत्र में प्रगति नहीं कर पाते। आलस के कारण वे अवसर का लाभ नहीं उठा पाते हैं। यहां तक कि हाथ में आए हुए अवसरों का लाभ भी नहीं उठा पाते और फिर उनके पास पश्चात्ताप और आत्मग्लानि के सिवाय और कोई चारा नहीं रहता। कार्य के प्रति उत्साहहीनता के कारण वह हमेशा साथी मित्रों के मुंह की ओर देखते

रहते हैं। दूसरों की सफलाताओं, उपलब्धियों और प्रगति देख-देख कर जलते कुढ़ते रहते हैं। अपने दुर्भाग्य का रोना रोते रहते हैं। उनमें स्वावलंबन, आत्मविश्वास, मनोबल का नितांत अभाव रहता है। यहां तक कि उनमें किसी भी विषय पर निर्णय लेने की क्षमता भी समाप्त हो जाती है।

प्रसिद्ध मनोवैज्ञानिक लेमार्क के अनुसार बच्चों में पाई जाने वाली आलस की प्रवृत्ति तीन बातों से प्रभावित होती है–

1. वातावरण से अर्जित किया गया ज्ञान और उसमें ली गई रुचि,
2. अवयवों का उपयोग अथवा अनुप्रयोग,
3. अर्जित गुणों का संक्रमण।

लक्ष्य के प्रति पहले से ही पैदा हुआ नैराश्य भाव, भाग्य पर निर्भरता, प्रेरणा का अभाव, उत्साहहीनता, असफलताओं का भय आदि ऐसे अनेक कारण हैं, जो आलस्य की प्रवृत्ति को बढ़ाते हैं।

इसके विपरीत जो लड़के अपना वर्तमान और भविष्य बनाने में आलस त्याग कर निरंतर जागरूक रहते हैं, वे सफलता की नई ऊंचाइयों को छूते हैं। दोनों प्रकार की मनोवृत्तियां उनके वातावरण पर निर्भर करती हैं।

लेमार्क के अनुसार जब बच्चे अपनी शक्ति अथवा अवयवों का उपयोग नहीं करते, तो धीरे-धीरे उनकी यह शक्ति क्षीण होती जाती है और फिर वह इसका उपयोग करना नहीं चाहते। अंतःप्रेरणा का अभाव उन्हें यथास्थितिवादी बनाए रखता है।

यदि साथी मित्र भी इसी प्रकार के मिल जाते हैं, तो वे अपनी इस प्रवृत्ति को 'जो सुख चाहो अपना, तो बुद्धू बनकर रहो' जैसी सोच अपना कर अपना समय पीछे की बेंचों पर बैठकर बिता देते हैं। ऐसे बच्चों की अध्यापकों द्वारा की गई उपेक्षा उन्हें और भी आलसी और निकम्मा बना देती है। ऐसे बालक बहाने बना कर अपनी स्थिति को सुरक्षित करते रहते हैं। काम से जी चुराना इनकी दूसरी आदत बन जाती है। यदि इन्हें किसी दबाव में आकर कुछ काम करना भी पड़े, तो ये उसमें सफल नहीं होते।

आलस त्यागने पर ही मनुष्य अपने निश्चित लक्ष्य को प्राप्त कर सकता है। सफलताएं हमेशा उद्यमी, कर्मशील और मेहनती बच्चों को ही मिलती हैं। संसार के सारे सुख कर्मण्य व्यक्तियों को ही मिलते हैं। उद्यमी और कर्मशील व्यक्ति विषम परिस्थितियों में भी धैर्य, साहस और विवेक से काम लेते हैं और अपने भाग्य का निर्माता स्वयं बनते हैं। ऐसे कर्मयोगी न केवल समाज के प्रति अपने दायित्वों को पूरा करते हैं, बल्कि राष्ट्र को भी नई दिशा देते हैं। इतिहास

साक्षी है कि देश में जितने भी महान हुए हैं, वे सबके सब अपने अथक प्रयासों, मेहनत और कर्म से हुए हैं। आलस्य इनके जीवन से कोसों दूर रहा है। सच तो यह है कि उनकी महानता, उनकी क्रियाशीलता की ही देन थी।

कहते हैं कि पं. जवाहरलाल नेहरू केवल 2-3 घंटे सोते थे। आलस्य उन्हें छू तक नहीं सका था। जब देखो, तब वे हमेशा तैयार रहते थे। 'आराम-हराम है' जैसा नारा उनकी सक्रियता का प्रमाण है।

आशय यह है कि आलस्य बच्चों में पाया जाने वाला वह दोष है, जिसके कारण न तो वह पारिवारिक अपेक्षाओं को पूरा कर पाता है और न स्वयं अपना वर्तमान अथवा भविष्य ही बना पाता है। ऐसे बच्चे भला राष्ट्र का क्या हित करेंगे?

अभिभावक स्वयं आलस्य से बचकर बच्चों को आलस्य से बचा सकते हैं। बच्चे को आलस्य से दूर रखने का मुख्य उपाय है उसमें काम के प्रति ऊब पैदा न होने दें।

पढ़ाई में ऊब

किसी भी छोटी-बड़ी कक्षा का परीक्षा परिणाम उठा कर देखें, तो सहज में ही इस निष्कर्ष पर पहुंच सकेंगे कि सभी बच्चों की रुचि पढ़ाई में एक जैसी नहीं होती। यदि कुछ सामान्य से बहुत अच्छे हैं, तो कुछ केवल सामान्य हैं और

कुछ सामान्य से कम। यही स्तर उनके भविष्य को बनाता है। उन्हें सफलता की नई ऊंचाइयों तक ले जाता है।

मनोवैज्ञानिकों के अनुसार पढ़ाई में ऊब के कारण ही लड़के पढ़ाई में पिछड़ जाते हैं। इस पिछड़ेपन के कारण ही वे कक्षाओं से, स्कूल से भागते हैं। स्कूल का समय सड़कों, स्टेशनों, तालाब, नदी, झील, पार्क आदि में व्यतीत करते हैं। उनकी पढ़ाई-लिखाई की यह अवस्था, जो निर्माण की होती है, उन्हें बिगाड़ने लगती है। उनमें बिगाड़ के संस्कार डालने लगती है।

पढ़ाई में ऊब आज शिक्षा जगत् की सबसे बड़ी समस्या है और इसी ऊब के कारण करोड़ों रुपया अपव्यय हो रहा है, क्योंकि लगभग 30 से 40 प्रतिशत बच्चे पूर्व माध्यमिक कक्षाओं तक पहुंचते-पहुंचते ही पढ़ाई छोड़ देते हैं। पढ़ाई में इस ऊब के प्रमुख कारण निम्नलिखित हैं–

1. रुचि में कमी, पढ़ाई जाने वाली पाठ्य सामग्री में नीरसता।
2. विद्यालयों का आकर्षण विहीन होना।
3. बस्ते का भारी-भरकम बोझ।
4. मातृभाषा के माध्यम से शिक्षा न देना। अंग्रेजी के प्रति बढ़ता उत्साह, जो शीघ्र ही ज्ञानावरोध का कारण बन जाता है।
5. शिक्षा का रोजगार से संबद्ध न होना। पढ़ाई के प्रति बच्चों में आ गई अरुचि, ऊब, नीरसता को समाप्त करने के लिए अभिभावकों और शिक्षकों का संयुक्त प्रयास होना चाहिए। इसके लिए यह बहुत आवश्यक है कि बच्चों की मानसिकता का अध्ययन कर उन्हें प्रारंभ से ही ऐसे स्कूलों में प्रवेश दिलाएं, जहां बच्चे बड़े उत्साह, उमंग और प्रसन्नता के साथ पढ़ें-लिखें। विद्यालय का वातावरण दमघोंटू, ऊबाऊ न हो। इस संबंध में मनोवैज्ञानिकों ने कुछ आंतरिक और बाहरी प्रेरकों को अपनाने की सलाह दी है।

सामाजिक मान-प्रतिष्ठा की प्राप्ति, पढ़े-लिखे लोगों का सामाजिक स्तर, वैचारिक उदारता आदि ऐसी अनेक बातें हैं, जो बच्चों को पढ़ने के लिए हमेशा प्रेरित करती हैं और बच्चा समाज में उस प्रतिष्ठा के लिए कड़ी मेहनत कर पढ़ता-लिखता है।

प्रशंसा, पुरस्कार, दंड, सामाजिक अवमानना का भय, हीनता, अपने समाज में दूसरों से पिछड़ जाने का भय आदि ऐसी अनेक बातें हैं, जो बच्चों को पढ़ने के लिए प्रेरित करती हैं। सच तो यह है कि ये प्रेरक तत्व ही बच्चों को शक्ति

प्रदान करते हैं और बच्चे नई-नई सफलताओं के लिए प्रयासरत रहते हैं। ये प्रेरणाएं ही व्यक्ति को संतुष्टि प्रदान करती हैं और अगली सफलता के लिए उन्हें और अधिक मेहनत करने की शक्ति देती हैं।

काम से जी चुराना

आलस्य, पढ़ाई में पिछड़ापन, आत्मविश्वास में कमी, उत्साह हीनता आदि के कारण कई लड़कों में हर काम से जी चुराने की आदत-सी बन जाती है। काम से जी चुराने की इस आदत का मनोवैज्ञानिक कारण अनुभवों की कमी का होना है। जिन बच्चों पर बाल्यकाल से ही पाबंदियां लगाकर उन्हें घर में कुछ भी नहीं करने दिया जाता, अथवा अति लाड़-प्यार के कारण उन्हें कुछ करने के अवसर नहीं दिए जाते, उनमें काम से जी चुराने की आदत पड़ जाती है। बाद में भी असफलताओं का भय, साधनों की कमी, प्रेरणाओं का अभाव बच्चों को कोई भी काम करने के लिए उत्साहित नहीं करते। ऐसे बच्चे अपनी यथास्थिति में ही संतुष्ट होने के प्रयास करते हैं और आगे नहीं बढ़ पाते।

इस संबंध में कहा जाता है कि जो बच्चे शारीरिक दृष्टि से स्वस्थ, निरोग, हृष्ट-पुष्ट और सुंदर होते हैं, उनमें वीर-पूजा की प्रवृत्ति पाई जाती है और वे हर काम को बड़े उत्साह, लगन और निष्ठा के साथ आत्मविश्वास से पूरा कर लेते हैं। ऐसे बच्चे ही स्कूल और परिवार में शिक्षकों और अभिभावकों के स्नेह के पात्र बनते हैं, और विभिन्न कलाओं और खेलों में भी अपना स्थान बना लेते हैं। परिवार और समाज में अपनी पहचान भी निर्मित कर लेते हैं।

जो बालक चिड़चिड़े स्वभाव का होता है, बात-बात में रूठता-मचलता है, कभी हंसता नहीं, उसमें संवेगों की स्थिरता का गुण पाया जाता है। ऐसे बच्चों की किसी गतिविधि में रुचि नहीं होती। ये बच्चे संवेगात्मक रूप से असंतुलित होकर अपने ही परिवार, समाज और स्कूल में समायोजन के अभाव में बिगड़ने लगते हैं। आशय यह है कि काम से जी चुराने की आदत बच्चे को प्रगतिशीलता की दौड़ से बाहर कर देती है। वह ललचाई नजरों से अपने अन्य साथियों का आगे बढ़ना तो देखता है, लेकिन स्वयं अपने लिए हीनभावनाएं ही ओढ़े रखता है।

समाधान

1. बच्चों को अपनी श्रेष्ठता प्रदर्शित करने के पर्याप्त अवसर दें। उनकी श्रेष्ठता को परिवार, स्कूल और समाज में सराहें। उन्हें सम्मान दिलाने में सहयोग करें।

2. बच्चों को मित्र बनाने-बनवाने में सहायता करें। उनके घर आने पर उनका स्वागत-सत्कार करें। उन्हें मान-प्रतिष्ठा दें।
3. बच्चों को सलाह दें कि वे अवसर का लाभ अवश्य उठाएं।
4. अवसर से लाभ उठाना एक अच्छा गुण है, जबकि अवसरवादी होना दोष है। अतः उन्हें इसका अंतर अवश्य बता दें।
5. बच्चों की पढ़ाई-लिखाई संबंधी कठिनाइयों का समाधान अपने स्तर पर करें। उन्हें किसी अच्छे स्कूल में प्रवेश दिला देने तक ही अपने कर्तव्यों की इतिश्री न मानें। स्कूल से निरंतर संपर्क बना कर रखें।
6. बच्चों की अध्ययन संबंधी कठिनाइयां मित्रों के साथ बांटने के लिए प्रेरित करें। इसमें सबसे अच्छा समाधान उनके मित्र ही कर सकते हैं।
7. बच्चों का अधिकतम समय स्वाध्याय में व्यतीत हो, इसका ध्यान रखें।
8. काम करने से व्यक्ति की पहचान बनती है और महत्व बढ़ता है, इस सच का बच्चों के सामने स्वयं आदर्श प्रस्तुत करें।
9. असफलता का भय बच्चे के मन में कभी न आने दें। असफलता तो सफलता की पहली सीढ़ी है।
10. बार-बार किया गया अभ्यास बच्चे को कुशल बनाकर सफलता के निकट ले आएगा। इसलिए पढ़ाई, या अन्य काम करने में बच्चों को निरंतर अभ्यास के लिए प्रेरित करते रहें।

जीवन के सभी आकर्षण विवेक के अभाव में अभिशाप बन जाते हैं।

—शीला सलूजा

तोड़-फोड़, मारपीट, आक्रामकता

> आयु के साथ बच्चों का सामाजिक क्षेत्र बढ़ता है। इस क्षेत्र में उसका संपर्क बाहरी लोगों से होता है। वह मान-अपमान समझने लगता है। वर्चस्व स्थापना की इच्छा में वह तोड़-फोड़ कर मित्रों के साथ मारपीट करता है। आक्रामक तेवर प्रदर्शित करता है। पुराने मित्रों को छोड़ कर नए मित्र बनाता है। नए मित्रों से जब उसकी पटरी नहीं बैठती तो लड़ाई-झगड़ा हो जाना स्वाभाविक होता है। कितने खतरनाक होते हैं, यह व्यवहार और इनके प्रभाव...!

तोड़-फोड़

घर से निकल कर बच्चों का संपर्क बाहरी दुनिया से होता है। छोटी कक्षाओं में ही बच्चा कक्षा के साथियों से उनकी विशेषताओं के कारण प्रभावित होता है, तब मित्रों की ओर आकर्षित होता है। जहां वह मन-ही-मन इन्हें मित्र बना लेता है। संबंधों का यह आकर्षण ही संपर्क तथा प्रोत्साहन पाकर मैत्री में परिवर्तित होने लगता है। कक्षा में अथवा समाजीकरण की इस प्रक्रिया में, जहां भी बच्चा असफल अथवा निराश होता है, तो वह अपनी खीज, क्रोध की अभिव्यक्ति तोड़-फोड़ करके करता है। वह अपने स्तर पर उन मित्रों की उपेक्षा करने लगता है, जो उसकी इच्छा के अनुरूप आचरण नहीं करते। ईर्ष्या भाव निरंतर बढ़ते रहते हैं और कभी-कभी तो बच्चे के पूर्ण परिपक्वता हो जाने के बाद भी विकसित होते रहते हैं।

प्रसिद्ध मनोवैज्ञानिक क्रेन और बोलमन के अनुसार कक्षा का वातावरण तथा स्कूल का आकर्षण बच्चों में समाजीकरण की प्रवृत्ति को प्रोत्साहन देता है

और उसमें अन्य बच्चों के साथ समायोजन करने की क्षमता विकसित होती है। जो बच्चे कक्षा और स्कूली वातावरण में घुल-मिल जाते हैं, वे तोड़-फोड़ की क्रियाओं से दूर रहते हैं। इसके विपरीत बच्चों की तोड़-फोड़ में संलग्नता बढ़ती जाती है, जो उन्हें कक्षा और स्कूल से दूर ले जाती है। ऐसे बच्चों का व्यक्तित्व सामाजिक दृष्टि से असंतुलित हो जाता है।

तोड़-फोड़ के कारण

1. पढ़ाई-लिखाई के प्रति अरुचि, नीरसता और विषयगत बातों का पल्ले न पड़ना।
2. स्कूल में शिक्षकों द्वारा बच्चों में कोई रुचि न लेना। पढ़ाने की नीरस शैली और ज्ञान को जबरदस्ती थोपने का प्रयास।
3. बस्ते का भारी भरकम बोझ, थका देने वाला होमवर्क और कक्षा का तना-तना सा वातावरण।
4. अभिभावकों का अपने बच्चों से उनकी क्षमता के बाहर अपेक्षाएं करना और इन अपेक्षाओं के पूरा न होने पर उन्हें भला-बुरा कह कर अपमानित करना।
5. व्यवस्था के प्रति बच्चों के मन में उमड़ता असंतोष और इस असंतोष को हवा देने वाले बाहरी तत्वों का सहयोग।
6. अपराधी प्रवृत्ति वाले लोगों का महिमा मंडन देख कर नैतिक मूल्यों में हो रहा ह्रास।

उम्र के साथ यह प्रवृत्ति कम होने लगती है, तो लड़के गाली-गलौच करके, धमकी देकर, दूसरों को भला-बुरा कह कर अपने अहम की तुष्टि कर लेते हैं।

मारपीट

बाल्यावस्था से किशोरावस्था को प्राप्त करते लड़के अपनी शारीरिक, मानसिक और संवेगात्मक क्रियाओं पर चाहते हुए भी नियंत्रण नहीं रख पाते। अपनी असफलताओं को भी वे खुले मन से नहीं स्वीकारते। इसके लिए वे अपने ही मित्रों, परिचितों, निकट संबंधियों, यहां तक कि कभी-कभी अभिभावकों पर ही दोषारोपण करने लगते हैं। थोड़ा-सा भी विलंब उन्हें सहन नहीं होता और अपनी इस उपेक्षा, असफलता, और उदासीनता के लिए उनके साथ मारपीट कर बैठते

हैं। मारपीट का यह व्यवहार सबसे पहले घर से प्रारंभ होता है। अकसर लड़के-लड़कियां अपने ही भाई-बहनों से लड़ते-झगड़ते हैं। मारपीट का यह व्यवहार बहुत अबोध होता है। बच्चे इस व्यवहार को गंभीरता से नहीं लेते। कुछ देर पहले ही जो बच्चे आपस में लड़-झगड़ रहे या मारपीट कर रहे होते हैं, थोड़ी ही देर बाद वे आपस में मिल कर खेलने लगते हैं।

आक्रामकता

बच्चों के सामाजिक विकास में आक्रामकता एक स्वाभाविक व्यवहार है। बाल्यावस्था और किशोरावस्था के संधि काल में यह प्रवृत्ति अपनी चरम सीमा पर होती है। सच तो यह है कि यह क्रोध का ही परिष्कृत रूप है। जब बच्चा किसी वस्तु अथवा व्यक्ति के प्रति अपना क्रोध अथवा असंतोष व्यक्त नहीं कर पाता, तब इस प्रवृत्ति का सहारा लेता है। यह प्रवृत्ति उस बच्चे में अधिक पाई जाती है, जो परिवार, कक्षा अथवा स्कूल में अपना वर्चस्व, प्रभाव स्थापित करना चाहता है। जो बच्चा जितना अधिक महत्वाकांक्षी होगा, वह उतना ही आक्रामक होगा। अतः इसे एक गुण के रूप में लेना और बच्चे के हित में समझना अच्छी सोच हो सकती है, क्योंकि आक्रामकता का यह व्यवहार उसे लक्ष्य तक पहुंचने में निरंतर संघर्ष के लिए प्रेरित-प्रोत्साहित करता है। खेलों में लक्ष्य के लिए ज़बरदस्त प्रदर्शन इसी आक्रामकता का सुंदर उदाहरण है। अकसर बच्चे विजय प्राप्त करने के लिए इस भावना का अनूठा प्रदर्शन करते हैं और अंत में विजय श्री प्राप्त कर अपने अहम् की तुष्टि करते हैं। आक्रामकता का यह व्यवहार ही बच्चों में नेतृत्व के गुण विकसित करता है। आक्रामकता ठीक तो है, पर पूर्ति यह है कि यह हिंसक या मारक न हो।

आक्रामकता के कारण

1. बच्चे अपने अभिभावकों, मित्रों, कुटुंबियों का ध्यान हमेशा अपनी ओर आकर्षित करना चाहते हैं। वे इन लोगों की नजरों में अपने आप को कुछ विशिष्ट और श्रेष्ठ प्रदर्शित कर इनकी प्रशंसा चाहते हैं।
2. सुरक्षा की भावना उसे आक्रामक बनाए रखती है और वह हमेशा चौकन्ना बना रहता है। यदि उसमें चौकन्ना बने रहने का गुण विकसित हो जाता है, तो वह अवसर से लाभ उठा लेता है, जो असफलताओं को कम कर देता है।

3. प्रतिद्वंद्वियों के साथ उसका व्यवहार हमेशा आक्रामक बना रहता है। उसके बढ़ते प्रभाव अथवा वर्चस्व को भी प्रतिद्वंद्वी उसी भावना से लेते हैं।
4. मित्रों का अभाव, सामाजिक जीवन में समायोजित न हो पाने की कुंठा, पढ़ाई में पिछड़ जाने का भय उसे आक्रामक बनाए रखता है। यही कारण है कि जो बच्चे पढ़ाई-लिखाई में कमजोर पड़ जाते हैं, वे खेल-कूद अथवा अन्य गतिविधियों में आगे बढ़ जाते हैं।
5. आक्रामक प्रवृत्ति वाले बच्चों को तोड़-फोड़, मारपीट और हिंसा वाले दृश्य अच्छे लगते हैं। ऐसी फिल्में, टी.वी. कार्यक्रम और ऐसे कलाकार इनके आदर्श हो जाते हैं।
6. परिवार अथवा स्कूल से मिलने वाली उपेक्षा, प्रताड़ना इन्हें बिल्कुल सहन नहीं होती, इसलिए इन बच्चों पर इन क्रियाओं की तीव्र प्रतिक्रिया होती है, जो इन्हें घर और स्कूल से पलायनवादी बना देती हैं। घर

से भागे लड़कों में से अधिकांश बच्चे कभी-कभी ऐसे लोगों के हाथों में पहुंच जाते हैं, जो इन लड़कों को अपराधी जीवन देकर इतने हिंसक और अपराधी बना देते हैं कि ये कानून और व्यवस्था के लिए प्रश्न-चिह्न बन जाते हैं।

आक्रामकता का मनोवैज्ञानिक पक्ष

आक्रामकता की अभिव्यक्ति मारपीट, हाथा-पाई, गाली-गलौच, धमकी और तेवर दिखाने के रूप में होती है। इसलिए संवेगों के ऐसे प्रदर्शन को समझें और बच्चों के हित में इनका उपयोग करें। लड़कों की अपेक्षा लड़कियां कम आक्रामक होती हैं। यही कारण है कि आक्रामकता के इस व्यवहार में लड़कों के हाथ-पैर चलते हैं, तो लड़कियां शाब्दिक आक्रामकता का सहारा लेती हैं। सामाजिक समायोजन के अभाव में आक्रामकता का व्यवहार शीघ्र ही प्रदर्शित होने लगता है।

जिस परिवार में माता-पिता का अनुशासन कठोर होता है, उन बच्चों में आक्रामकता की प्रवृत्ति अधिक पाई जाती है। ऐसे बच्चे अवसर पाकर अपनी इस वृत्ति का उपयोग अभिभावकों के विरुद्ध ही करने लगते हैं। इन बच्चों को सुधारना कठिन होता है।

जो बच्चे रात को रोते-रोते सोते हैं, भूखे सोते हैं, पिता का इंतजार करते-करते सोते हैं, जिद करके सोते हैं, ऐसे बच्चे अपेक्षाकृत अधिक आक्रामक होते हैं और उनके अन्य अनेक संवेग क्रोध के रूप में प्रदर्शित होते हैं।

समाधान

1. बच्चों को उनकी क्षमताओं के बाहर कोई भी आदेश, निर्देश न दें और न अपेक्षा करें।
2. बच्चों से ऐसे कार्य न कराएं, जो उनकी रुचि के प्रतिकूल हों या घृणा पैदा करने वाले हों। जो अभिभावक खेलने अथवा पढ़ने के समय बच्चों से दुकान पर बैठने के लिए कहते हैं अथवा अन्य काम कराना चाहते हैं, उन बच्चों में आक्रामकता की प्रवृत्ति बढ़ती है और वे अभिभावकों की आज्ञाओं का पालन नहीं करते, हमेशा विरोधी रुख अपनाते हैं।
3. बच्चों में प्रतियोगी भावना विकसित करें। ईर्ष्या भाव पैदा न होने दें। प्राप्त सफलताओं की प्रशंसा करें और नई सफलता के लिए उन्हें उत्साहित करें।
4. प्रतियोगिताओं में बच्चों की असफलताओं को भी खुले मन से स्वीकारने के लिए उन्हें प्रेरित-प्रोत्साहित करें। हमेशा एक और प्रयास करने के लिए कहें।
5. बच्चों को उत्साही बनाए रखें।

6. बच्चों को घर से बाहर पर्यटन, पिकनिक, भ्रमण, शादी-विवाह अथवा पार्टियों में अवश्य भेजें। इससे उनमें आत्मविश्वास बढ़ेगा और वे समन्वय करने में सफल होंगे।

7. बच्चों को सामूहिक खेल के पर्याप्त अवसर दें। खिलाड़ी भावना का अर्थ खेलों के माध्यम से ही सिखाया जाना चाहिए। टीम को विजय दिलाने के लिए व्यक्तिगत प्रतिष्ठा की परवाह न करना ही खिलाड़ी भावना है, जो समाजीकरण का एक आदर्श गुण है।

8. बच्चों को समूह में रखने के पर्याप्त अवसर प्रदान करें। सामूहिक रूप से रहने में बच्चों में लोकतांत्रिक व्यवस्था के प्रति विश्वास और सम्मान जागृत होता है। सह-अस्तित्व और भाईचारे की भावना विकसित होती है।

9. बच्चों को स्कूली जीवन में स्काउट्स, एन.सी.सी., बाल सभा, समाज सेवा आदि की संस्थाओं की सक्रिय सदस्यता दिलाएं। इन संस्थाओं से संबंधित गतिविधियों में भाग लेने के लिए उत्साहित करें। सामूहिक भोज आदि के आयोजन करें।

10. बच्चों की अतिरिक्त शक्ति, प्रतिभा और योग्यता का सही उपयोग कराएं। इसके लिए आवश्यक है कि उन्हें श्रम-साध्य कार्य, व्यायाम, योग आदि का नियमित अभ्यास कराएं।

गुलाब अपनी खूबसूरती के लिए सराहा जाता है, जबकि उसमें कर्कश कांटे भी होते हैं।

—वीरेन्द्र कुमार जैन

फैशन, आवारागर्दी और गलत मनोरंजन

आधुनिक बनने की होड़ में लड़के-लड़कियां नित्य नए-नए फैशन के कपड़े पहनकर पाश्चात्य जीवन शैली की मृगतृष्णा में कुछ इस तरह से भटक रहे हैं कि उन्हें उनके जीवन का लक्ष्य भी नहीं पता। आवारागर्दी और गलत मनोरंजन उन्हें कहीं का नहीं छोड़ता। अश्लील साहित्य, ग्लैमर का आकर्षण और अश्लील बातें उन्हें इतना बिगाड़ देते हैं कि वे शारीरिक और मानसिक दोनों ही रूपों से पंगु और कुंठित हो जाते हैं।

आधुनिक बनने के चक्कर में स्वछन्द नाचना, गाना नियमों और कानूनों को तोड़ना, अनैतिक संबंधों को बढ़ाना आदि ऐसे व्यवहार हैं, जिन्हें फैशन के नाम पर अनेक लड़के-लड़कियां अपनाते हैं। ऐसे व्यवहारों को न तो सामाजिक जीवन में और न ही परिवार में प्रतिष्ठा मिलती है, न व्यक्तिगत रूप से लड़के-लड़कियों की सोच में ही कोई अच्छा परिवर्तन आता है। वास्तव में फैशन के नाम पर ये लड़के जो भी व्यवहार करते हैं, उससे उनकी सोच में विकृति ही आती है। इस प्रकार की सोच लड़कों को परिवार से दूर करती है। वे जुआ खेलना, सिगरेट पीना और शराब पीना आदि बुरी आदतें सीखने लगते हैं और धीरे-धीरे ये व्यवहार उनके जीवन का अंग बन जाते हैं।

फैशन, आवारागर्दी और मनोरंजन के नाम पर परोसी जाने वाली अश्लीलता-उच्छृंखलता को अपसंस्कृति का नाम देकर चाहे कितना ही कोसा जाए, मगर यह एक सत्य है कि ये व्यवहार ही बच्चों को बिगाड़ते हैं। होटल और क्लबों में हो रहे नंगे नाच अब लड़के-लड़कियों से इसलिए नहीं छिपे रह सकते, क्योंकि वे स्वयं भी कहीं-न-कहीं इस प्रकार के व्यवहारों को अपना रहे हैं।

फैशन और प्रदर्शन के नाम पर दिखावा, भड़कीले पारदर्शी वस्त्रों का पहनावा, सीमा से अधिक खर्च, दूसरों की देखा-देखी हाट ड्रिंक्स लेना, फास्ट फूड खाना तथा मनोरंजन के नाम पर फूहड़ और उत्तेजक नाच-गाना आदि ऐसे आचरण हैं, जो शीघ्र ही लड़के-लड़कियों को आकर्षित करने लगते हैं। मध्यवर्गीय घरों के लड़के-लड़कियां जब बड़े घरों में जा कर इस प्रकार की शान-शौकत पूर्ण जिंदगी देखते हैं, तो वे अपनी अभावग्रस्त जिंदगी को न केवल कोसते हैं, बल्कि उन्हें अपनी आत्महीनता पर क्रोध भी आता है, तनाव भी बढ़ता है। फैशन की यही चमक-दमक उन्हें पथ भ्रष्ट करती है। साथ ही व्यवस्था के प्रति विद्रोही, पलायनवादी और कुंठित भी बनाती है।

आवारागर्दी

लक्ष्य से भटके, पढ़ाई-लिखाई में पिछड़े, साधनहीन अधिकांश लड़के सड़कों पर आवारागर्दी करते घूमते-फिरते हैं। इस समय की यह सबसे बड़ी समस्या है। ऐसे लड़कों को न घर में कोई काम होता है और न घर के बाहर। ऐसे आवारागर्दी करते लड़कों की स्थिति पेड़ से टूटे पत्तों जैसी होती है। अपने-अपने आर्थिक और मानसिक स्तर के ये लड़के कई प्रकार से गुटों में बंट कर अपना समय अपने-अपने हिसाब से व्यतीत करते हैं। इन्हें न तो स्कूल जाने की चिंता होती है और न होमवर्क की, न समय का बंधन, न अभिभावकों की टोका-टाकी। बस, स्वतंत्रता ही स्वतंत्रता। उन्मुक्त जीवन लक्ष्य रहित सोच। इनका अधिकांश समय अपने अन्य साथियों के साथ निरुद्देश्य घूमने फिरने में व्यतीत होता है। ऐसे लड़के अपना समय होटलों, सिनेमाओं या वीडियो गेम्स की दुकानों पर चाय, धूमपान, तंबाकू, गुटखे आदि खाकर व्यतीत करते हैं। इन्हें अपने साथियों की गलत संगत के कारण अन्य कई प्रकार की बुरी आदतें पड़ जाती हैं।

आवारागर्दी करते बच्चों के जेब खर्च भी बढ़ने लगते हैं, जिनकी पूर्ति करने के लिए ये झूठ बोलना सीख जाते हैं। फीस में हेरा-फेरी करना, दुकान से पैसे मारना, घर के बड़ों की जेब से पैसे चुराना और फिर बाहर के लोगों की जेब काटना भी ये सीखने लगते हैं। जिन बच्चों के खर्च हद से अधिक बढ़ जाते हैं, शराब अथवा ड्रग्स की आदतें पड़ जाती हैं, वे रुपयों के लिए घर का सामान भी बेचने लगते हैं। जब भी इन बच्चों के हाथ में कोई बड़ी चीज पड़ जाती है, तो इस बड़ी रकम को लेकर घर से भागने में भी संकोच नहीं करते। गांव के लड़के शहरों की ओर और शहरों के लड़के महानगरों की ओर पलायन करने लगते हैं।

जो अभिभावक अपने इन बच्चों को थोड़ा-सा भी समय नहीं दे पाते। उनकी

स्कूली और निजी आवश्यकताओं से परिचित होने की भी कोशिश नहीं करते। कामकाजी महिलाएं सुबह से शाम तक काम में कुछ इस प्रकार से जुटी रहती हैं कि उन्हें अपने बच्चों, विशेषकर किशोर बच्चों के लिए कुछ मिनट का समय भी नहीं मिलता। स्कूलों से भागने वाले इन आवारा लड़कों में शिक्षकों की भी कोई रुचि नहीं होती। ऐसे लड़के शीघ्र ही गलत लोगों के संपर्क में आ जाते हैं। ये गलत संपर्क कुछ ऐसे असामाजिक तत्वों के भी हो सकते हैं, जो बच्चों का उपयोग आपराधिक कार्यों, मादक पदार्थों की बिक्री या फिर राजनीतिक स्वार्थों की पूर्ति के लिए करते हैं। इससे ये लड़के अपराधों में इतनी प्रवीणता प्राप्त कर लेते हैं कि जहां ये कानून और व्यवस्था के लिए समस्याएं पैदा करने लगते हैं, वहीं अपना वर्तमान और भविष्य भी बिगाड़ लेते हैं। आवारागर्दी करते ये बच्चे अभिभावकों के लिए इतनी अधिक समस्याएं पैदा कर देते हैं कि वे अपने इन बच्चों से ही तौबा करने लगते हैं।

गलत मनोरंजन, अश्लील साहित्य, फिल्में आदि

सड़कों, गलियों और स्कूल कॉलेज परिसरों में बहुत से लड़के अपना समय कक्षाओं में पढ़-लिखकर नहीं, बल्कि गलत तरीके से मनोरंजन कर बिताना अपनी शान समझते हैं। यह सोच हमारी युवा पीढ़ी को बुरी तरह भ्रष्ट कर रही है। केवल इतना ही नहीं, बल्कि मनोरंजन के ऐसे-ऐसे तरीके अपनाए जा रहे हैं, जो इन लड़कों की मानसिकता को तो कामुक बनाते ही हैं, साथ ही इन्हें शारीरिक रूप से भी खोखला बना देते हैं। गलत मनोरंजन और यौन भावनाओं को भड़काने वाला एक ऐसा ही व्यवहार 'सेक्स आन लाइन' सुविधा है, जिससे पैसे के लालच में कुछ देशी-विदेशी कंपनियां युवाओं को अपने जाल में फंसाकर चरित्र को चौपट करने का कुचक्र चला रही हैं।

फोन पर सेक्सी बातें करना स्केटोलोबिया कहलाता है। गलत मनोरंजन का यह तरीका आजकल देश के हर छोटे बड़े शहर में सुलभ है। इसके अनुसार ये कंपनियां विभिन्न पत्र-पत्रिकाओं में विज्ञापन देकर युवाओं को आकर्षित करती हैं। इन विज्ञापनों में कुछ ऐसे उत्तेजक चित्र प्रकाशित होते हैं, जिन्हें देखकर लड़के-लड़कियां इन विज्ञापनों की ओर खिंचे चले जाते हैं। विज्ञापनों की सरस भाषा, विज्ञापन के साथ छपा किसी रूपसी का चित्र, बातें करती हुई उसकी मादक आंखें, आकर्षक 'पोस्टर' में बैठी लड़की आदि विज्ञापन के नाम पर लड़कों को गलत मनोरंजन देने का एक ऐसा कुचक्र है, जिसे जहर की पुड़िया कहा जा सकता है। इन विज्ञापनों और इनकी बातों में फंस कर जहां लड़के-लड़कियों का चारित्रिक

पतन हो रहा है, वहीं इनका आर्थिक शोषण भी खूब डट कर किया जाता है। कभी-कभी तो इन कुचक्रों में फंस कर लड़के-लड़कियों को ठगा भी जाता है। इन्हें ब्लैकमेल किया जाता है। इस प्रकार के व्यवहारों में फंसे लड़के नशे जैसी आदत से ग्रस्त हो जाते हैं और फिर जैसे-जैसे नशे के आदी के लिए नशा छोड़ना कठिन हो जाता है, उसी प्रकार इन गलत मनोरंजन के साधनों को छोड़ना भी कठिन हो जाता है।

फोन पर 'सेक्सी कान्फशियस' 'वाइल्ड फेंटेसी', 'शेयर माई रोमेंटिक ड्रीम्स', 'माई सीक्रेट एडवेंचर्स' जैसी अश्लील एवं उत्तेजक बातें सुन कर ये लड़के अनेक प्रकार के मनोरोगों से पीड़ित हो जाते हैं और फिर इन बातों को सुनने के लिए इतने आतुर रहते हैं, जैसे नशे का लती नशे के लिए रहता है।

फोन पर इस प्रकार की सेक्सी बातें करने का व्यवसाय पूरी दुनिया में फल फूल रहा है। जहां पामेला, डायना, रोजी, हेलन आदि काल्पनिक नामों वाली लड़कियां लड़कों से अश्लील बातें कर उन्हें इतना अधिक उत्तेजित कर दिया जाता है कि ये लड़के यौन संबंधी 'असामान्य' व्यवहार करने के लिए विवश हो जाते हैं। मनोरोग से संबंधित दिल्ली के डॉ. अरुण गुप्ता का मत है कि ऐसे लड़के शीघ्र ही सेक्स से संबंधित बीमारियों से पीड़ित हो जाते हैं और सामान्य दिखाई देते हुए भी असामान्य होते हैं।

स्कूली बच्चों की मानसिक सोच में आई यौन विकृतियों का बढ़ता ग्राफ आज के समाजशास्त्रियों का सबसे बड़ा चिंता का विषय है, क्योंकि यौन भावनाओं को भड़काने वाले अन्य कई साधन समाज में प्रचुर मात्रा में सुलभ हैं। द्विअर्थी फिल्मी संवाद, फिल्मी गाने, अश्लील साहित्य, अश्लील पत्र-पत्रिकाएं सभी स्थानों पर सरलता से सुलभ हैं। कंप्यूटर की शिक्षा दिला कर जो अभिभावक अपने बच्चों को बिल गेट्स बनाने का सपना देख रहे हैं, उन्हें भी इस सच्चाई का ज्ञान नहीं कि उनके बच्चे कंप्यूटर पर ही अपनी मानसिक विकृतियों का कमाल दिखा रहे हैं, जो उन्हें बिगाड़ रहा है। कंप्यूटर आधुनिक सूचना तकनीक का महत्वपूर्ण यंत्र है। आज कंप्यूटर विज्ञानी दुनिया-भर पर छाये हुए हैं। अतः इसका सकारात्मक प्रयोग हो।

यह सच है कि ग्लैमर भरी जिंदगी जीने की चाह और तड़क-भड़क भरी जीवन शैली ने लड़के-लड़कियों को इतना अधिक प्रभावित किया है कि वे जीवन की सच्चाइयों को ही झुठलाने लगे हैं। परिणामस्वरूप स्वयं तो ठगे ही जाते हैं, दूसरों को भी ठगने में पीछे नहीं रहना चाहते। इस काम में उन्हें अपने भले-बुरे का ख्याल भी नहीं रहता। सच तो यह है कि बचपन की सीमा को पार

करते, युवा हो जाने को उतावले बच्चे और उनका यह उतावलापन ही उन्हें बिगाड़ता है।

आवारागर्दी, गलत मनोरंजन के संबंध में अभिभावकों की जागरूकता आवश्यक है। यह जहां बच्चों को बिगड़ने से बचाएगी, वहीं बच्चे अपने भविष्य के बारे में जागरूक भी बनेंगे।

समाधान

1. फैशन के नाम पर बच्चों को भड़कीले वस्त्र न पहनने दें। तंग, कसे हुए, पारदर्शी वस्त्र यौन भावनाओं को भड़काते हैं।
2. व्यावहारिक जीवन में हमेशा सामान्य शिष्टाचार का पालन करें। बच्चों के बैठने, उठने, खेलने, बातचीत करने, परिचय देने आदि में शिष्टता और शालीनता का ध्यान रखें।
3. आधुनिकता के नाम पर शराब, जुआ, धूम्रपान आदि का व्यवहार न अपनाएं। बच्चों के सामने इस प्रकार के आचरण कर उन्हें इसके लिए छूट न दें।
4. अपने समय का सर्वोत्तम उपयोग करें और बच्चों को प्रेरित करें कि उनके समय का भी अच्छा उपयोग हो।

5. अपने घर, अपनी बैठक, अपने बरामदे में अपनी वस्तुओं का रख-रखाव इतनी सुंदरता से करें कि उसमें विशिष्टता दिखाई दे और बच्चों की अभिरुचि गृह-सज्जा में विकसित हो तथा इस सज्जा में उसकी मौलिक सुघड़ता दिखाई दे।

6. अश्लील साहित्य, बातों, कामुक दृश्यों से दूर रखने के लिए बच्चों में प्राकृतिक दृश्यों और सुंदर चित्रों को देखने, उन्हें बनाने की ललक पैदा करें।

7. इस सत्य को जान लें कि ग्लैमर भरी जिंदगी जीने की चाह को यदि आपने साधनों की पवित्रता से नहीं जोड़ा, तो यह जिंदगी लड़कों को जिल्लत भरी जिंदगी के सिवाय कुछ और न दे सकेगी, इसलिए साधनों की पवित्रता को जीवन का अनिवार्य अंग बनाएं।

8. फैशन और ग्लैमर का आकर्षण मानसिक संकीर्णता की सोच है, इसलिए इसके पीछे न भागें। सादगी अपने आप में एक कभी न बदलने वाला फैशन है, इसलिए इस सत्य को स्वीकारें और हमेशा सादा जीवन उच्च विचार ही अपनाएं।

9. मनोरंजन के लिए खेलकूद, व्यायाम, स्वाध्याय, समाचार-पत्र पढ़ना, धार्मिक पुस्तकों का अध्ययन और जानकारियां संकलन करना आदि व्यवहार ही अपनाएं। पर्यटन, वाद-विवाद, पत्र-लेखन आदि कुछ ऐसे अन्य व्यवहार हैं, जिन्हें अपनाकर आप अपने समय का सदुपयोग कर सकते हैं, ज्ञान-विज्ञान की नई-नई बातें जान सकते हैं।

10. जो सोच-विचार, व्यवहार और साधन गलत हैं, उनके परिणाम भला कैसे अच्छे हो सकते हैं? अतः मनोरंजन के नाम पर ऐसे व्यवहारों को न अपनाएं, जिन्हें आप सबके सामने करने में लज्जित होते हैं, मुंह छिपाते हैं।

नई पीढ़ी भी अपनी आने वाली पीढ़ी को विरासत में वही कुछ देती है, जो उसे अपने पूर्वजों से प्राप्त होता है।
—दीपक पुरोहित

यौनाकर्षण-अंतःस्त्रावी ग्रंथियों में परिवर्तन

बचपन और किशोरावस्था का संधिकाल यौनाकर्षण का काल होता है। इस अवस्था में अंतःस्त्रावी ग्रंथियां सक्रिय होकर किशोर मन की भावनाओं को न केवल उत्तेजित और आनंदित करने लगती हैं, बल्कि अपने आप में हो रहे शारीरिक और मानसिक परिवर्तनों के प्रति जिज्ञासु भी बनाने लगती हैं। अंतःस्त्रावी ग्रंथियों के प्रभाव के कारण युवा मन में अपने ही यौन अंगों को स्पर्श करने की चाह पैदा होती है और स्पर्श सुख से मिलने वाली आनंदानुभूति उसे निरंतर इस ओर आकर्षित करती रहती है। अंतःस्त्रावी ग्रंथियों के ये प्रभाव और यौन विकार किशोरों में यौन संबंधी समस्याएं पैदा करते हैं।

एकांत के खतरे

मनोवैज्ञानिकों, मनोचिकित्सकों का मत है कि एकांत के क्षणों में अंतःस्त्रावी ग्रंथियां सक्रिय हो जाती हैं और लड़के-लड़कियों के मन में कुछ रोमांचकारी, अद्‌भुत, अनोखा, अति उत्साहजनक कार्य करने की इच्छा बलवती होने लगती है। इन क्षणों में उसके मन में विपरीत सेक्स की कल्पनाएं साकार होने लगती हैं और वह अपने मन में दबी इच्छाओं को पूरा करने की सोचने लगता है। यदि इन क्षणों में उसे एकांत मिल जाता है या मित्रों आदि से किसी भी प्रकार का प्रोत्साहन मिल जाता है, तो उसमें सामाजिक और नैतिक वर्जनाओं की पकड़ ढीली होने लगती है। इसलिए यौन संबंधी अधिकांश सामान्य, असामान्य घटनाएं इन एकांत के क्षणों में होती हैं।

इसलिए लड़कों को अधिक समय तक एकांत में न बैठने दें। एकांत में रहने, सोने, बैठने, पढ़ने का अर्थ यह है कि उसके मस्तिष्क में अंतःस्रावी ग्रंथियां सीधा प्रभाव डालेंगी और वह एकांत पाते ही कुछ न कुछ असामान्य व्यवहार अवश्य करेगा।

हस्तमैथुन

गलत मनोरंजन, अश्लील साहित्य के अध्ययन, उत्तेजक फिल्मी दृश्यों, द्विअर्थी संवादों को सुनने, समझने से किशोरों की यौन भावनाएं उत्तेजित होने के कारण वे अपने यौन अंगों का स्पर्श करने लगते हैं। इस क्रिया को अंग्रेजी में मास्टरबेशन (Masterbation) कहते हैं। उत्तेजित यौन अंगों को अपने ही हाथों से हिलाना और घर्षण पैदा कर वीर्यपात करना हस्तमैथुन कहलाता है। चूंकि किशोरावस्था प्रारंभ होते ही अंतःस्रावी ग्रंथियों की सक्रियता से शुक्राशय में स्राव भरने की प्रक्रिया प्रारंभ हो जाती है, पुरुष हार्मोन विकसित होने लगते हैं, इसलिए स्वतः ही यौनांगों में उत्तेजना आने लगती है। यह उत्तेजना बातें करने, विपरीत सेक्स के अंगों की कल्पना करने या यौन क्रीड़ा करने से बढ़ती है। इसलिए बच्चे आपस में इन बातों में रुचि लेने लगते हैं। हस्तमैथुन से थोड़ी देर के लिए जो रोमांच, उत्तेजना और मादक अनुभव प्राप्त होता है, उस आनंददायक अनुभव से ही लड़के बाद में अपने आपको हलका अनुभव करने लगते हैं। यह प्राकृतिक नियम है कि हमारे मन में जो विचार या भाव एक बार आ जाता है, उसकी बार-बार पुनरावृत्ति करने से मन संतुष्टि अनुभव करता है और यह व्यवहार ही अंत में आदत बन जाता है। आदत चाहे कितनी भी हानिकारक अथवा गलत क्यों न हो सरलता से नहीं छूटती।

हस्तमैथुन के बारे में अनेक प्रकार की भ्रांतियां लोगों द्वारा इसलिए फैलाई जाती हैं, ताकि लड़कों में ऐसी आदत न पड़े अथवा वे इस प्रकार का आचरण न करें। एक गलत धारणा यह भी है कि एक बूंद वीर्य का निर्माण होने में 100 बूंद खून के बराबर शक्ति का उपयोग होता है। यदि एक बूंद वीर्य नष्ट होता है, तो 100 बूंद रक्त की क्षति होती है। वीर्य शरीर का राजा है, इसलिए इसे संभाल कर रखना चाहिए। हस्तमैथुन करने से अनेक रोग पैदा हो जाते हैं। ऐसा भी कहा जाता है इन सबके पीछे एक ही उद्देश्य होता है कि लड़के इस प्रकार की क्रिया के प्रति हतोत्साहित हों। यद्यपि कुछ वैज्ञानिकों का मत है कि हस्तमैथुन एक सामान्य क्रिया है और इसके इतने भयानक परिणाम नहीं होते, जितने समाज में फैले हुए हैं। यह बात अलग है कि कोई भी असामान्य क्रिया जब एक लम्बे

समय तक की जाती है, तो उसके स्वाभाविक दुष्परिणाम तो होते ही हैं, फिर यौनांग तो शरीर के अति संवेदनशील अंग हैं, इसलिए इस प्रकार की क्रिया करने से उसमें शिथिलता और शीघ्रपतन की स्थिति निर्मित हो जाना एक स्वाभाविक क्रिया है। इसलिए किशोरावस्था प्राप्त लड़के-लड़कियों को इस असामान्य क्रिया के प्रति सावधानी तो बरतनी ही चाहिए।

सावधानियां : गलत संगत या क्षणिक आनंद के लिए कोई लड़का-लड़की यदि इस प्रकार की क्रिया करने लगा है और यदि दृढ़ इच्छा शक्ति, नियम संयम का पालन कर इस आदत को छोड़ देता है, तो उसका जीवन सामान्य हो जाता है। इसलिए इस विषय में बच्चों के भोजन और नैतिकता पर विशेष ध्यान दें। तामसिक भोजन न देकर पौष्टिक आहार दें। दिनचर्या को संतुलित बनाएं। इस विषय में परेशान होने की आवश्यकता नहीं। न ही किसी प्रकार के नीम हकीमों से शक्तिवर्धक गोलियां अथवा टॉनिक लेने की आवश्यकता है।

हस्तमैथुन से बचने के लिए कामुक दृश्यों, कामुक भाव-भंगिमा, अश्लील साहित्य, विपरीत सेक्स वालों के स्पर्श, चितवन, छेड़छाड़, हंसी-मजाक, हाथापाई, छिप कर ऐसे दृश्यों को देखना, जिससे कामोत्तेजना पैदा हो, द्विअर्थी बातचीत करना, अश्लील चित्र बनाना-देखना, युवतियों के अधोवस्त्र देखना या स्पर्श करना आदि व्यवहारों से बचना चाहिए। बस अथवा रेल में भी कभी-कभी अधिक भीड़ के कारण कुछ लड़के अथवा युवा पुरुष जानबूझ कर कुछ ऐसे प्रयास अथवा क्रिया करते हैं, जिससे अश्लीलता का प्रकटन होता है और यौन भावनाएं शमित हो जाती हैं।

यदि लड़के-लड़कियों को इस प्रकार के व्यवहारों से दूर रखा जाता है, तो फिर हस्तमैथुन का विचार मन में आता ही नहीं। इसलिए इस विषय में अन्य किसी उपचार की अपेक्षा सावधानियां ही अधिक सफल उपाय हैं।

लड़कों को भी इस सत्य से परिचित होना चाहिए कि यौन संतुष्टि का यह उपाय अस्वाभाविक, अप्राकृतिक और आत्महीनता प्रदान करने वाला है। इसलिए इसे अपना कर अपने पैरों पर कुल्हाड़ी मारने जैसा आचरण न करें। समय रहते अपनी सोच को स्वस्थ और चिंतनशील बनाएं।

समलैंगिक मैथुन

लड़के-लड़कियों में अपनी यौन भावनाओं अथवा यौन उत्तेजनाओं को शांत करने के लिए समलैंगिकता एक अप्राकृतिक व्यवहार है। यह व्यवहार अनुचित है, असामान्य है, आधारहीन है, वह भला समाज के गले कैसे उतर सकता है। यह

विवाह योग्य उम्र बीत जाने के बाद अथवा अतृप्त यौन भावनाओं की अभिव्यक्ति के लिए लड़के-लड़कियां अपने समान लिंगियों से करते हैं। इस व्यवहार का कोई वैज्ञानिक अथवा शारीरिक आधार नहीं है। अतः जहां तक हो, लड़के-लड़कियों को इससे बचना चाहिए। होस्टल में रह रहे लड़के-लड़कियों को इस संबंध में विशेष रूप से सावधानी बरतनी चाहिए, क्योंकि अधिकतर इस प्रकार के संबंध में वरिष्ठ लड़के-लड़कियां अपने कनिष्ठ साथियों से बनाना-बढ़ाना चाहते हैं और वे ही जूनियर लड़के-लड़कियों को डरा-धमका कर इस व्यवहार में डाल देते हैं। जब कोई ऐसा व्यवहार करने लगता है, तो फिर उसे भी यह अच्छा लगने लगता है और वह भी इसका आदी बन जाता है। अतः सदाचरण की शिक्षा देकर बच्चों को इस कुमार्ग से रोकें।

गर्ल फ्रेंड और बॉय फ्रेंड की मानसिकता

स्वतंत्रता और समानता की हवा लड़के-लड़कियों को ऐसी लगी है कि आधुनिकता का अर्थ वे गर्ल फ्रेंड और बॉय फ्रेंड से लगाने लगे हैं। यहां तक कि लड़का-लड़की अपने आपको उतना ही अधिक स्मार्ट और आधुनिक मानते और समझते हैं, जिसके जितने अधिक गर्ल फ्रेंड अथवा बॉय फ्रेंड हों। कच्ची उम्र के ये संबंध

न तो दोस्ती का अर्थ जानते हैं और न ही इन संबंधों की गंभीरता को ही समझते हैं। बस, लड़के-लड़कियों को दोस्त बनाना, उनके साथ बातचीत करना, उन्हें भावनाओं में बहा कर उनकी कच्ची मानसिक सोच का लाभ उठाना और फिर अवसर पाकर उनके साथ शारीरिक संबंध बनाना एक सामान्य व्यवहार हो गया

है। आर्थिक रूप से संपन्न परिवारों के लड़के-लड़कियां तो अपने इन गर्ल फ्रेंड अथवा बॉय फ्रेंड का उपयोग एक वस्तु की तरह करते हैं, जिसे वे कितनी भी कीमत देकर खरीद सकते हैं और उपयोग करके छोड़ सकते हैं।

आधुनिक प्रगतिशील समाज का यह एक कटु सत्य है, इसलिए अभिभावकों, यहां तक कि स्वयं लड़के-लड़कियों को इस सत्य को स्वीकारना चाहिए कि वे इस प्रकार के संबंधों के प्रति सावधान रहें और संदिग्ध चरित्र वाले लड़के-लड़कियों से दूर रहें, जो अवसर पाते ही अपनी गर्ल फ्रेंड को पार्क अथवा एकांत स्थान के पीछे ले जाना चाहते हैं अथवा बात-बात में 'किस' के लिए विवश करते हैं।

समाधान

1. हस्तमैथुन के व्यवहार को सहज, सरल, सामान्य और स्वाभाविक क्रिया मानें, इसके लिए लड़कों को अपमानित न करें।
2. लड़के-लड़कियों के मैत्री संबंधों को कहीं भी असामान्य न होने दें। अमर्यादित व्यवहार को हतोत्साहित अवश्य करें।
3. समलैंगिक व्यवहारों को मनोरोग मान कर इसके लिए व्यावहारिक उपाय करें। लड़के-लड़कियों की उचित उम्र में शादी करें।
4. लड़कों को आवारागर्दी से बचाने के लिए उन्हें किसी काम में लगाएं। उनकी प्रतिभा और अतिरिक्त शक्ति का उपयोग रचनात्मक कार्यों में करें। ऐसे कार्य भले ही श्रमसाध्य क्यों न हों, बच्चों की शक्ति का सदुपयोग होता है।
5. बच्चों को समझाएं कि वे ऐसे गर्ल फ्रेंड अथवा बॉय फ्रेंड से दूर रहें, जो एक-दूसरे से शारीरिक समर्पण की अपेक्षा करते हों। ऐसे मित्र एक-दूसरे को पा लेने के बाद दूसरे दिन से ही आंखें बदल लेते हैं।
6. किशोरावस्था कैरियर निर्माण और चरित्र निर्माण की अवस्था होती है, इसलिए प्रेम संबंधी ऐसी भावनाएं न पनपने दें, जो बच्चों को निराशा के अंधेरों में भटकने के लिए छोड़ दें। बच्चों को बदले की भावना से भी बचाएं, क्योंकि प्रतिशोधी भावनाएं किसी को भी सुखी नहीं बनातीं।

7. गर्ल फ्रेंड अथवा बॉय फ्रेंड के प्रति दूषित और प्रतिशोधी बच्चों को समझाएं कि वे विचार मन में न लाएं। न ही एक-दूसरे से बड़ी-बड़ी अपेक्षाएं करें। बदला लेने के लिए हिंसक अथवा क्रूर भावनाएं बच्चों को बिगाड़ती हैं, इसलिए इन्हें किसी भी स्तर पर प्रोत्साहन न दें।

8. यदि किसी कमजोरी अथवा भ्रम के कारण लड़कों-लड़कियों ने एक दूसरे से कोई अप्रिय समझौता कर लिया है, तो 'जब जागो तभी सवेरा' के सच को स्वीकार कर अपनी स्थिति को संभालें और अनुचित समझौतों से मुक्त होने के लिए प्रेरित करें।

9. यौन भावनाओं पर नियंत्रण रखने के लिए बच्चों को हमेशा अश्लील साहित्य, अश्लील विचारों, दृश्यों और कामुक चित्रों से दूर रखें। हमेशा अपनी सोच को धर्म तथा आदर्शों से जोड़ें।

10. किसी की कमजोरी से लाभ उठाने की मानसिकता से बचें। यह बहुत ही ओछी प्रवृत्ति होती है, जो धीरे-धीरे अपराध की ओर ले जाती है।

बड़े से बड़ा अपराधी भी यह चाहता है कि उसका बच्चा समाज में एक अच्छी छवि वाला नेक, शरीफ और अच्छा इंसान बने।
—नीति वचन

खतरनाक है नशे का आकर्षण

न जाने क्यों लड़के-लड़कियों में यह भ्रम पैदा हो गया है कि नशा कर गमों को भुलाया जा सकता है, यही कारण है कि प्रेम में अथवा परीक्षा में असफल, ईर्ष्या जन्य प्रतिरोधी भावनाओं से कुंठित, पारिवारिक तनावों से मुक्ति और अन्य ऐसी ही समस्याओं के समाधान लड़के-लड़कियां शराब में ढूंढते हैं। सिगरेट के एक कश में खो जाना चाहते हैं, जब कि सच्चाई यह है कि नशा करने वाला व्यक्ति पूरी तरह से नशे का ही होकर रह जाता है। न गम दूर होता है और न समस्या। हां जब युवा वर्ग शराब और ड्रग्स के चंगुल में फंस जाता है, तो स्वास्थ्य, सम्मान, सम्पत्ति और सुख सब कुछ गंवा कर भी इससे निकल नहीं पाता और आजीवन छटपटाता रहता है।

महानगरीय जीवन शैली से प्रभावित तथाकथित सम्पन्न घरों के लड़के-लड़कियां ग्लैमर भरी जिंदगी से इतने अधिक प्रभावित हो रहे हैं कि वे एक ही रात में धन-दौलत, शोहरत, इज्जत, नाम तथा आधुनिक जीवन की सुख-सुविधाएं पाकर आकाश की ऊंचाइयों को छू लेना चाहते हैं। ग्लैमर भरी जिंदगी जीने की चाह और सारी सुख-सुविधाएं भोग लेने की इच्छा के लिए युवा पीढ़ी कुछ भी करने को तैयार है, उसकी इस चाहत को सफलता इसलिए नहीं मिलती, क्योंकि इन्हें प्राप्त करने के लिए हर व्यक्ति को जादुई चिराग चाहिए, जो आधुनिक वैज्ञानिक युग में संभव नहीं। परिणाम यह हो रहा है कि युवा पीढ़ी अपनी इस असफलता को छिपाने के लिए नशे का सहारा ले रही है, जो युवा पीढ़ी के लिए सबसे बड़ा अभिशाप सिद्ध हो रहा है।

फिल्मों और फिल्मी जीवन से प्रभावित हो रही युवा पीढ़ी को यह भ्रम है कि बड़े लोगों या सिनेमा जगत के लोगों का जीवन इसीलिए इतना ग्लैमरस हैं, क्योंकि वे अपने आपको तरोताजा रखने के लिए रोज़ाना शराब पीते हैं। भला फिर स्कूल कॉलेज में पढ़ रही यह युवा पीढ़ी अपने आपको तरोताजा रखने में उनसे क्यों पीछे रहेगी?

परिवार से मिले संस्कार

नशे की ओर बढ़ते आकर्षण का एक कारण यह भी है कि अधिकांश माता-पिता या मित्रों के परिवार वाले युवाओं की मानसिकता को नहीं समझते। हम बता चुके हैं कि युवावस्था में लड़के-लड़कियों के शरीर और मस्तिष्क में भारी उथल-पुथल रहती है। जिज्ञासा, उत्तेजना, उत्साह; अनुकरण आदि के द्वारा वे सभी का ध्यान अपनी ओर खींचना चाहते हैं। अतः अत्यंत कल्पनाशीलता के कारण वे उन कार्यों को अधिक करना चाहते हैं, जिनसे समाज में उनकी प्रतिष्ठा बढ़े या स्वयं में उन्हें बड़प्पन की अनुभूति हो। अतः युवा जब घरों में होने वाली पार्टियों को देर रात तक होते देखते हैं, पीने-पिलाने के व्यवहारों को घर में ही देखते हैं, तो वे भी अपनी मित्र-मंडली के साथ ऐसी ही पार्टियां करना चाहते हैं, क्योंकि युवा मन अपने आपको अपने बड़ों की तरह ही सम्मानित और खुश देखना चाहता है। साथ ही वह खुद को तरोताजा, स्मार्ट, हीमैन और हमेशा जवां बनाए रखने के लिए कुछ भी करने के लिए तैयार रहता है।

बारह-पंद्रह वर्ष तक के बच्चे तो बीड़ी, सिगरेट, तंबाकू, पाउच आदि तक सीमित रहते हैं, लेकिन अवस्था बढ़ने के साथ-साथ उनका सामाजिक संपर्क भी बढ़ता जाता है और कल्पनाओं के पंख भी निकल आते हैं। यदि उन्हें घर अथवा मित्र-मंडली में कोई भी नशे की ओर आकृष्ट करता है, तो सरलता से इसकी ओर आकृष्ट हो जाते हैं। गांव से शहर में आया लड़का जब सिगरेट पीने लगता है, पाउच खाने लगता है, तो वह अपने आपको अन्य लड़कों से कुछ अलग और विशिष्ट समझने लगता है। जहां भी दो-चार मित्र मिल बैठते हैं, तो वे इस विशिष्टता के कारण अपने 'कमरों' में ले जाते हैं या फिर होस्टल के अपने कमरे को इस प्रकार की पार्टियों का 'अड्डा' बनाते हैं। जैसे-जैसे इन लड़कों का इस प्रकार के नशे का ज्ञान बढ़ता है, वे नए-नए अनुभवों का 'स्वाद' लेना चाहते हैं, जो इन्हें गांजा, अफीम, चरस, हेरोइन, स्मैक, कोकीन जैसे खतरनाक मादक पदार्थों की ओर आकृष्ट करता है और अंत में ड्रग्स के फेर में पड़ कर ये लड़के अपना जीवन बर्बाद कर लेते हैं, मौत के करीब पहुंच जाते हैं।

नशे का बच्चों पर प्रभाव

जीवन की वास्तविकताओं को झुठलाने वाली आनंद की अनुभूति नशे के द्वारा होती है, इसलिए एक बार नशे की ओर आकृष्ट हुआ बच्चा इसकी ओर बार-बार आकृष्ट होता है। जो लड़के-लड़कियां भूल वश ड्रग्स का प्रयोग कर लेते हैं, उनकी कल्पनाएं रंगीन होने लगती हैं। कल्पनाओं की इन तरंगों के कारण वह आकाश में उड़ना चाहता है। कल्पना की ये तरंगें उसके मस्तिष्क में इतनी चमक भर देती हैं कि वह छत से कूद कर हवा में तैरने की सोचने लगता है, लेकिन जैसे ही नशे का प्रभाव समाप्त होता है, उसे तीव्र आत्मग्लानि की अनुभूति होती है। उसकी मृत कल्पनाएं और असहनीय स्नायु पीड़ा, जीवन के प्रति निराशाजन्य सोच, अपने आप से और अपनों से घृणा, जीवन में कुछ न कर पाने की ग्लानि इन सब कारणों से उसे अपने आप पर रोना आता है। यहां तक कि नशा करने वाला लड़का स्वयं अपने पैरों पर खड़ा भी नहीं हो पाता। भला ऐसे कुल दीपक मां-बाप के बुढ़ापे का सहारा कैसे बनेंगे?

नशे का सबसे अधिक प्रभाव लड़कों के मस्तिष्क पर पड़ता है। मस्तिष्क की नसें इतनी शिथिल हो जाती हैं कि सोचने-समझने की शक्ति ही समाप्त हो जाती है। व्यक्ति को अपने भले-बुरे का ज्ञान ही नहीं रहता। मस्तिष्क में नशे की गोलियों, स्मैक अथवा इंजेक्शन आदि का दुष्प्रभाव इस प्रकार छा जाता है कि नशा कम होते ही शरीर इतनी तीव्रता से इसकी मांग करता है कि नशा करने वाला दिन-भर इसी की 'जुगाड़' में रहता है और अंत में इसे प्राप्त करके ही उसे चैन मिलता है। आशय यह है कि नशा चाहे शराब का हो अथवा गोलियों का, जहर तो जहर ही होता है और इसका प्रभाव धीरे-धीरे शरीर को गलाकर मौत तक ले जाता है।

लक्षण

आपका बच्चा यदि नशे की ओर आकृष्ट हो रहा है, तो उस पर नियंत्रण पाने के लिए तुरंत पहल करें। यदि आप बच्चों में हो रहे निम्न परिवर्तन अथवा असामान्य व्यवहारों को देखें, तो समझ लें कि बच्चा नशे की ओर आकृष्ट हो रहा है–

1. जब बच्चा आपसे आंखें चुराए। परिवार के सदस्यों के बीच बैठने में संकोच करे। परिवार की गतिविधियों में रुचि न ले। दिए हुए जेब खर्च का उपयोग किस जगह किया, यह बताने से कतराए।
2. जब बच्चा देर रात तक बाहर रहे या फिर बहुत अधिक देर तक अपने

दोस्तों में रहे, यहां तक कि खाने के समय भी वह घर आने में उदासीनता बरते।

3. उसे भूख न लगे। उसके होंठ मोटे, काले और आंखें पीली तथा निस्तेज दिखाई दें।
4. बच्चा अधिक देर तक सोता रहे। उठने के बाद भी वह चिड़चिड़ा बना रहे। उसे फ्रेश होने में समय लगे। नहाने, सजने-संवरने में उसकी कोई रुचि न हो।
5. घर के प्रति अपनी जिम्मेदारियों से मुंह छिपाए और काम करने में हमेशा उदासीनता बरते।
6. दिन-भर चुप रहता हो और नशे की हालत में बातें अधिक करता हो। उसकी इस प्रकार की बातचीत में शेखी भरी बातें ही अधिक होती हैं। वह अपनी ऐसी हालत में कुछ अति उत्साही हो जाता है और अपने आपको कुछ विशिष्ट समझने लगता है।
7. परिवार के सभी सदस्यों से पैसे की अपेक्षा करने लगता है। उधार मांगना अथवा बाजार से उधार लेना उसकी आदत बन जाती है।
8. बालों के प्रति लापरवाह हो जाता है और कपड़े भी मैले ही पहने रहना चाहता है। उसके बालों में जुएं पड़ जाती हैं।

यह जान कर बिल्कुल उत्तेजित न हों कि बच्चा ड्रग्स लेने लगा है, क्योंकि आपकी उपेक्षा उसे ड्रग्स लेने से नहीं रोक सकेगी। इसमें संदेह नहीं कि नशा करने वाले अथवा नशे की गोलियां लेने वाले बच्चे परिवार और समाज की दृष्टि में बिगड़े बच्चे होते हैं और ऐसे बच्चों से अभिभावक कुछ भी अपेक्षा नहीं कर सकते, फिर भी ऐसे बच्चों को सुधारा तो जा ही सकता है। इन्हें सुधारने और संभालने की मानसिकता ही इस समस्या का सरल समाधान है।

परिवार और समाज पर बोझ

नशा करने वाले ऐसे बच्चे समाज और परिवार पर बोझ के सिवाय कुछ नहीं होते। बच्चों की इस आदत के कारण अभिभावकों को सामाजिक हीनता सहनी पड़ती है, लेकिन परस्पर स्नेह, सहयोग, विश्वास और आत्मीयता से आप ऐसे बिगड़े बच्चों को भी राह पर ला सकते हैं। चूंकि ऐसे बच्चों को अपने सामाजिक और पारिवारिक क्षेत्र से उपेक्षा ही मिलती है, इसलिए इनके मन में जीने की ललक समाप्त हो जाती है। अतः इन्हें परिवार और समाज पर बोझ समझने की सोच से ऊपर उठें। इन्हें सहारा दें। अपनों का सहारा पा कर ये फिर से सामान्य

जीवन जीने योग्य बन सकते हैं। देश में ऐसी अनेक संस्थाएं हैं, जो इनके पुनर्वास और इलाज के लिए संकल्पित हैं। इस संबंध में जब मैं प्रसिद्ध समाजसेवी के. एल. बग्गा से मिला, तो वे बड़े उत्साह से बोले कि नशे की ओर आकृष्ट हुए इन बच्चों को अभिभावकों और समाज का सहयोग ही तबाह व बर्बाद होने से बचा सकता है।

अभिभावकों की सोच

कभी-कभी बच्चों की असफलताएं उन्हें इतना हताश, निराश और कमजोर बना देती हैं कि वे अपनी इन असफलताओं को सरलता से पचा ही नहीं पाते। इस पर यदि अभिभावक भी बच्चों को इस प्रकार की असफलता के लिए जिम्मेदार ठहराने लगते हैं, तो बच्चों की सोच और प्रयास को 'धक्का' लगता है। निराशावादी सोच ही उन्हें नशे की इन अंधी गलियों में भटकने के लिए अकेला छोड़ देती है। इसलिए अभिभावकों को चाहिए कि वे स्कूल-कॉलेज में पढ़ते हुए अपने बच्चों तथा कैरियर की तलाश में रात-दिन भटकने वाले युवाओं को कभी भी हताश व निराश न होने दें।

यदि किन्हीं कारणों से आपका बच्चा नशा करने लगा है, तो इसे गंभीर अपराध न मानें। वास्तव में उसका सामाजिक वातावरण, मित्र-मंडली और संपर्क ही कुछ ऐसे लोगों से हो गया हो अथवा कुछ ऐसी परिस्थितियां निर्मित हो गईं जो उसे इस हालत में ले आईं। इसलिए इस विषय में ज्यादा हाय-तौबा मचाने की अपेक्षा उसे किसी योग्य चिकित्सक को दिखाएं अथवा सेन्टर में प्रवेश दिलाएं, जहां ऐसे लड़कों का इलाज संभव होता है।

जेब खर्च की बहुतायत और बड़े घर का बेटा होने का गर्व उसे नशे की ओर आकृष्ट करता है। नशे की ओर बढ़े हुए हाथ ही उसे कोकीन, हेरोइन स्मैक और एल.एस.डी. आदि की ओर ले जाते हैं। चूंकि ये मादक पदार्थ नशे को चरमोत्कर्ष तक ले जाने वाली वस्तुएं होती हैं और शरीर के स्नायुओं को चरम सीमा तक उत्तेजना प्रदान करती हैं, इसलिए इस प्रकार के नशे के बाद मानव शरीर उसी सीमा तक शिथिल हो जाता है और फिर नशे के बाद आदमी किसी काम का नहीं रहता। नशा न मिलने पर वह इस सीमा तक तड़पता, बिलबिलाता है कि उसकी दुर्गति घर वाले भी नहीं देख पाते और फिर उससे यह कहकर नशा करने देते हैं कि कम-से-कम इस प्रकार से तड़प-तड़प कर तो न मरे।

यद्यपि सरकार ने इस प्रकार के मादक पदार्थों को रखने, बेचने, इस्तेमाल

करने पर कानूनी प्रतिबंध लगाए हुए हैं, लेकिन फिर भी नशे, ग्लैमर, फैशन और चमक-दमक की इन रंगीनियों की कोई सीमा नहीं।

नशे के संबंध में एक सच यह भी है कि मां-बाप ईश्वर से औलाद इसलिए मांगते हैं कि वह उनके बुढ़ापे का सहारा बने। परिवार की जिम्मेदारियों को उठाने में मां-बाप का साथ दे, लेकिन जब बालक ड्रग्स का आदी बन जाता है, तो मां-बाप का बुढ़ापा खराब हो जाता है। लड़के का जीवन भी बर्बाद हो जाता है।

फैशन, शेखी, ग्लैमर और अपने आपको प्रगतिशील, आधुनिक कहलाने की कितनी बड़ी सजा इन बच्चों को भुगतनी पड़ती है, इसका अनुमान तो भुक्तभोगी ही लगा सकते हैं। इसलिए लड़के-लड़कियों को चाहिए कि वे जीवन के सफर में प्राप्त असफलताओं, निराशाओं, को ही जीवन का अंत न समझ लें। प्यार और प्रयास तो एक भावना है, संयोग है, इनकी असफलता को सहजता से लें। अपने जीवन के आदर्शों को नया मोड़ दें, नया आधार दें। जीवन नशे में डूब जाने के लिए नहीं, बल्कि दूसरों की प्रेरणा बनने के लिए है, इसी तरह दूसरों से प्रेरणा लेने के लिए भी है।

समाधान

1. शराब पीने-पिलाने का व्यवहार बच्चों के सामने न करें।
2. मित्रों को घर बुला कर देर रात तक उनके साथ बैठना, गप्पें मारना, आज की शाम 'अमुक' के नाम कह कर 'एन्जाए' करना बच्चों की सोच को प्रभावित करता है और वे अवश्य ही आपसे दो कदम आगे बढ़ कर कुछ नया करना चाहते हैं। नशे का एक बार लिया गया स्वाद उन्हें इसका आदी बना देता है।
3. बच्चों के मन में यह विश्वास पैदा कर दें कि समाज में शराब पीने वालों की अपेक्षा, न पीने वालों का मान-सम्मान अधिक होता है। वे श्रेष्ठ हैं, जो नहीं पीते।
4. शराब शरीर, मन, आत्मा और घर को बर्बाद करती है।
5. शराब पीने वाले को अपराधी न समझें। उसे विश्वास में लेकर सही रास्ते पर लाएं।
6. यदि बच्चा ड्रग्स लेने का आदी हो गया है, तो उसे पास के किसी ऐसे सेंटर पर ले जाएं जहां उसका इलाज संभव हो। अपने ऐसे बच्चों से सहानुभूति रखें।

7. ऐसे मित्रों से दूर रखें, जो आपके बच्चों को शराब अथवा नशे की गोलियों के लिए प्रेरित-प्रोत्साहित करते हैं।
8. यदि संभव हो तो अपना मकान या मोहल्ला बदल लें।
9. बच्चे को किसी ऐसे रचनात्मक कार्य में लगाएं, जिसमें वह व्यस्त रहे। इस प्रकार की व्यस्तता उसे नशे के प्रति हतोत्साहित करेगी।
10. बच्चों के जेब खर्च पर नजर रखें। आवश्यकता से अधिक दिया गया जेब खर्च बच्चों को फिजूलखर्च, आवारागर्दी और नशे आदि के लिए प्रेरित करता है।

मनुष्य का आचरण ही बताता है कि वह कुलीन है या अकुलीन। वीर है या कायर। पवित्र है या अपवित्र।

—वाल्मीकि

अनुशासनहीनता और उद्दंडता को कैसे रोकें?

> स्कूल, कॉलेज, घर और समाज के साथ समायोजन न कर पाने के कारण कुछ छात्र-छात्राएं तीखे तेवरों वाले ऐसे व्यवहार करते हैं, जो अनुशासनहीनता की श्रेणी में आते हैं। प्रशासनिक और सामाजिक नियमों को भंग करना, उद्दंडता से पेश आना कुछ ऐसे लक्षण हैं, जो आधुनिक समाज की वास्तविक समस्याएं हैं। ऐसे अनुशासनहीन नव धनपतियों के बेलगाम बेटे कानून और व्यवस्था पर प्रश्नचिह्न भी हैं। ऐसे अनुशासनहीन लड़के जहां कानून को अपने हाथ लेने में जरा भी संकोच नहीं करते, वहीं अपनी उद्दंडता के कारण मां-बाप को भी चिंतित और दुखी किए रहते हैं।

राजस्थान के अजमेर शहर की स्कूली छात्राओं के यौन शोषण की घटना हो, या फिर जयपुर के जे.सी. बोस छात्रावास में तथाकथित बड़े लोगों के बेटों द्वारा बलात्कार की वारदात, पंजाब में फ्रांसीसी युवती कातिया के अपहरण का मामला हो, या म.प्र. के अंबिकापुर कॉलेज की छात्रा प्रिया श्रीवास्तव को जानबूझ कर जीप से कुचल कर मार डालने की बात हो, दिल्ली में जेसिका लाल की हत्या का मामला हो, या फिर उज्जैन के गुजराती स्कूल के 20 वर्षीय अजय का, जिसने अपने ही 58 वर्षीय प्राचार्य नवीनचंद्र शुक्ल के पेट में चाकू घुसेड़ कर इसलिए हत्या कर दी थी कि प्राचार्य उसे परीक्षा में देर से आने के लिए मना किया करते थे। दिल्ली के उत्तमनगर थाने के निवासी राकेश ने अपनी मां की हत्या इसलिए

कर दी, क्योंकि मां ने उसे डांटा था और साकेतनगर की रहने वाली एक लड़की ने अपने पिता सुरेश चंद्र की हत्या इसलिए कर दी कि पिता उसे अवैध संबंधों के लिए हमेशा डांटता रहता था।

उदाहरणों की यह सूची इस बात का प्रमाण है कि अनुशासनहीन और उद्दंड लड़के ही बिगड़ते हैं। यदि इन घटनाओं से संबंधित लड़कों की 'केसहिस्ट्री' का उनकी पारिवारिक पृष्ठभूमि को ध्यान में रखकर सूक्ष्म मनोवैज्ञानिक अध्ययन किया जाए, तो इस प्रसंग में अवश्य ही कुछ चौंकाने वाले तथ्य उभर कर सामने आएंगे।

युवा पीढ़ी पर पाश्चात्य सभ्यता का प्रभाव

जिन बच्चों पर पाश्चात्य सभ्यता का सीधा प्रभाव पड़ता है और उनमें से अधिकांश का संबंध तथाकथित बड़े परिवारों से होता है। कानून की परवाह न करने वाले इस वर्ग के बच्चों का संबंध हमेशा बड़े लोगों से रहा है और उन्हीं का संरक्षण इन्हें मिलता रहा है। लगभग हर बच्चा किसी-न-किसी रूप में नशे का आदी रहा है और इनके बिगड़ने की शुरूआत पढ़ाई-लिखाई में पिछड़ने से होती रही है। इन बच्चों की केसहिस्ट्री इस बात की ओर स्पष्ट रूप से संकेत करती है कि इन्हें किसी-न-किसी रूप में अभिभावकों या फिर राजनीतिकों का भी संरक्षण मिलता रहा है।

सामंतवादी पारिवारिक पृष्ठभूमि

ऐसे बच्चों की पारिवारिक पृष्ठभूमि किसी-न-किसी रूप में सामंतवादी सोच से जुड़ी हुई है। बड़े बाप के ये बच्चे भले ही गांव-कस्बों से शहरों में पढ़ने या कुछ बनने के लिए आते हैं, लेकिन शीघ्र ही इनकी पहुंच ऐसे लड़कों तक हो जाती है, जिनका पढ़ाई-लिखाई से बहुत दूर-दूर तक कोई संबंध नहीं होता। गांवों में जहां इन प्रभावशाली व्यक्तियों की मर्जी के बिना पत्ता तक नहीं हिलता, वहीं शहरों में भी धन और प्रभाव से ये अपना स्थान शीघ्र ही बना लेते हैं और फिर इनकी दादागीरी गली-मुहल्ले, कॉलेज परिसर, होस्टल आदि से शुरू होकर राजनीतिक गलियारों तक पहुंच जाती है।

भौतिकवादी चकाचौंध की मृगतृष्णा

बिगड़े हुए अधिकांश बच्चे उन परिवारों की देन हैं, जिनमें रिश्वत, तस्करी, बेईमानी, हेराफेरी का पैसा आता है अथवा जिन घरों में भौतिक सुख-सुविधाओं पर पैसा

पानी की तरह बहाया जाता है। अच्छे कपड़े-महंगा खाना, होटलों, क्लबों में जाना, पार्टियां देना और पार्टियों में जाना, भोगवादी संस्कृति में लिप्त होना ऐसे बच्चों का जीवनादर्श होता है। खाओ-पिओ और मौज करो, इनके जीवन की कहानी होती है। ऐसे परिवारों के अन्य सभी सदस्य भी एक ही रंग में रंगे होते हैं, इसलिए उनके लिए ऐसी बातें कोई खास महत्त्व की नहीं होतीं, न ही उन्हें ऐसी बातों के लिए किसी प्रकार की हीनता अथवा आत्मग्लानि होती है। ऐसे परिवारों में बड़े-बूढ़े अवश्य ही उपेक्षा का शिकार होते हैं। इनमें अथवा इनके परिवार वालों में धन कमाने की होड़ लगी रहती है और इस होड़ में नैतिकता के सारे बंधन इनके लिए बेमानी हो जाते हैं। रातोंरात लखपति-करोड़पति बनने के लिए ये सब कुछ करने के लिए तैयार रहते हैं। भौतिकता की इस चकाचौंध में इन्हें यह ध्यान ही नहीं रहता कि उनकी इस आय अथवा खर्च का उनके बच्चों पर क्या प्रभाव पड़ेगा? अनैतिक तरीकों से कमाया गया धन बच्चों को अवश्य ही अनैतिक मार्गों की ओर ले जाता है।

अभिभावकों पर निर्भरता

अति लाड़-प्यार, आर्थिक साधनों की अधिकता, जीवन की व्यावहारिक कठिनाइयों के प्रति अनभिज्ञता आदि अनेक ऐसे पक्ष हैं, जो इन बच्चों के व्यवहारों को बिगाड़ते हैं। अभावों को ये बच्चे जूझे ही नहीं, इसलिए किसी भी समस्या के लिए संघर्ष करना जानते ही नहीं। नम्रता, सदाचार, शिष्टता, शालीनता, दूसरों के लिए कुछ करने की सोच और इसके बाद मिलने वाले सुख और संतोष को ये बच्चे न तो समझते हैं और न ही इनके दिल में इस प्रकार की भावनाएं पैदा होती हैं। अभिभावकों पर यह निर्भरता बच्चों के लिए एक अभिशाप बन जाती है। ऐसे बच्चे या तो अति विशिष्ट बन कर अपनी उच्चता पर इतराते हैं या फिर दंभी, सुपीरियर, डरपोक, दब्बू बनकर असामान्य हो जाते हैं। कच्ची और अविकसित मानसिकता के कारण भी ये विद्रोही, दुराचारी, अपराधी और संस्कारहीन बन जाते हैं।

आत्मघाती सोच

बिगड़े बच्चों की मानसिक सोच इतनी विकृत हो जाती है कि स्वदेश, राष्ट्रवाद, हिंदी का सम्मान, सहिष्णुता, बुजुर्गों का आदर, मानसिक उदारता, सादगी, निष्ठा, धर्म जैसी बातें ये समझते ही नहीं। पटरी से उतरे ऐसे लड़कों की रुचि केवल फैशन, मादक पदार्थों और लड़कियों में ही होती है। ऐसी बात नहीं कि केवल लड़के ही बिगड़ते हैं, बिगड़ने वाली लड़कियों की संख्या भी कम नहीं। कांवेंट

स्कूलों में पढ़ने वाली लड़कियां भी अपने आप में इतनी उच्छृंखल हो जाती हैं कि वे तू नहीं और सही और नहीं और सही जैसी बातों में रुचि लेने लगती हैं। सच तो यह है कि आर्थिक संपन्नता की चकाचौंध ने इन नए रईसों तथा सत्ता से जुड़े सुविधा भोगी बड़े लोगों को और उनके बच्चों की सोच को इतना आत्मघाती और खूंखार बना दिया है कि गलत काम करने में भी ये गर्व का अनुभव करते हैं। कानून का मजाक उड़ाने में इन्हें मज़ा आता है। धन की अधिकता के कारण ये बेलगाम हो रहे बच्चे अपने सामने किसी को कुछ समझते ही नहीं। दुनिया के सारे सुख-वैभव का उपयोग कर लेना ये अपना अधिकार समझते हैं। ऐसे बच्चों के लिए असंभव कुछ भी नहीं। लड़के-लड़की के बीच की सारी मर्यादाएं, दूरियां, शर्म इनके लिए कोई अर्थ नहीं रखतीं। हरेक को उपयोग की वस्तु, वह भी 'यूज एंड थ्रो' समझने वाली इनकी सोच इतनी बौनी हो गई है कि ये अपने दैनिक जीवन में वे सब हथकंडे अपनाने लगे हैं, जो अपना सकते हैं। सबसे बड़ी विडंबना यह है कि इनकी ऐसी करतूतें देख कर भी लोग चुप रहते हैं।

शराब और शबाब के शौकीन अय्याश बाप के ये बिगड़े बच्चे देश के सामने एक ऐसी समस्या बन गए हैं, जिनका यदि समय रहते समाधान न किया गया, तो देश का भविष्य ही चौपट हो जाएगा, साथ ही इस देश में जंगलराज भी स्थापित हो जाएगा। गांव, कस्बों से पढ़ने के लिए शहरों में आए ये लड़के-लड़कियां समझने लगे हैं कि स्कूल, कॉलेजों में जब तक तोड़-फोड़ न करें, हड़तालें न करें, अनुशासनहीनता का प्रदर्शन न करें, तब तक कॉलेज लाइफ का मजा ही कुछ नहीं। कक्षाओं में बैठना, पढ़ना, अध्यापकों-प्राध्यापकों का मान-सम्मान करना ये अपना अपमान समझते हैं। परिणाम यह हो रहा है कि बच्चे बिगड़ने की हर सीमा को लांघ कर अपराध की ओर बढ़ रहे हैं।

मनोवैज्ञानिक लैंडग्रेन के अनुसार जो बच्चे अनुशासन में रहते हैं, वे निरंतर प्रगति करते हैं। इसके विपरीत जो लड़के परिवार, घर अथवा स्कूल में उद्दंडता से पेश आते हैं, वे अपना वर्तमान और भविष्य बिगाड़ लेते हैं तथा परिवार और समाज पर बोझ बन जाते हैं।

समाधान

1. बच्चों की छोटी-से-छोटी उद्दंडता को भी अनदेखा न किया करें। यदि आप बच्चों की इस प्रकार की अनुचित हरकत को पहले दिन ही रोक देंगे, तो बच्चा दूसरी बार उस प्रकार की उद्दंडता करने का साहस न जुटा पाएगा।

2. किसी भी प्रकार की अनुशासनहीनता अथवा उद्दंडता के लिए बच्चे का पक्ष न लें।
3. अनुचित शह पाकर बच्चों की हरकतें बढ़ती हैं और वह उग्र होती जाती हैं।
4. बच्चों की अनुचित हरकतों का अपने प्रभाव से बचाव न करें, न ही उन्हें संरक्षण दें।
5. बच्चों द्वारा की गई तोड़-फोड़, अनुशासनहीनता उनके साथ हुए अन्याय शोषण अथवा क्रूरतम व्यवहार की अभिव्यक्ति हैं, इसलिए जान-बूझकर उनके साथ ऐसा कठोर व्यवहार न करें। बच्चों को केवल उतना ही खींचे, जितना वह सहन कर सकें। अधिक खींचने से तो रबर भी टूट जाता है।
6. बच्चों को व्यावहारिक जीवन की शालीनता और शिष्टता अवश्य सिखाएं। संबोधनों में 'जी', 'जी हां', 'जी नहीं', 'आप', 'सर' जैसे शब्दों का प्रयोग करना सिखाएं।
7. भीड़ भरे स्थानों पर क्यू में खड़े हों और बड़े धैर्य के साथ अपनी बारी का इंतजार करें।
8. रेल, बस, पार्क, दफ्तर, स्कूल आदि सार्वजनिक स्थानों पर गंदगी न करें। इस संबंध में उनकी सोच एक जागरूक नागरिक, एक सजग प्रहरी, जो समाज का रक्षक हो, जैसी होनी चाहिए।
9. सार्वजनिक सम्पत्ति को हानि पहुंचाने वाली सोच उसके मस्तिष्क में भी नहीं आना चाहिए।
10. घर और घर के बाहर महिलाओं, बच्चों और बड़ों का मान-सम्मान करें। इस विषय में उसे घर से ही प्रेरणा मिलनी चाहिए। घर में ही उसके सामने आदर्श प्रस्तुत करें।

अभिभावकों का व्यवहार वह दर्पण है, जिसमें बच्चे स्वयं को देखना चाहते हैं।

—श्रीमती संध्या सलूजा

आपराधिक और हिंसक प्रवृत्ति दूषित अंतःकरण

> बच्चों की शैतानियां जब दुराग्रह के रूप में प्रकट होने लगती हैं, तो परिवार की प्रतिष्ठा दांव पर लग जाती है। बच्चों का आचरण उन्हें अपराधी तो बताता ही है, साथ ही उनमें हिंसक प्रवृत्ति भी पनपने लगती है। अभिभावकों द्वारा ऐसे बच्चों को सुधारने के सारे प्रयास बेकार चले जाते हैं। यहां तक कि इन बच्चों की करतूतें कानून की नजरों में भी आने लगती हैं। बिगड़े बच्चों के संबंध में इस यथार्थ पर एक नजर...।

मार-धाड़ से भरपूर फिल्में देखने के अलावा बाजार में मिलने वाले पिस्तौल, बंदूक, ए.के.-47 स्टेनगन आकार के खिलौनों का बच्चों के कोमल मस्तिष्क पर सीधा प्रभाव पड़ता है और वे इनका प्रयोग करते-करते इतने आक्रामक हो जाते हैं कि उन्हें इस रूप में देख कर अच्छे-अच्छों को डर लगने लगता है। जब कि बच्चे इन हथियारों का इस्तेमाल करते हुए यह कहते नहीं अघाते कि 'मार दूंगा...खून कर दूंगा।' केवल इतना ही नहीं, कभी-कभी तो वे अपने कथित दुश्मनों पर ऐसा निशाना साधते हैं कि जो न हो जाए थोड़ा ही है। बच्चे अपने से छोटे भाई-बहन को मार भी देते हैं। लड़ाई करते हैं। कभी-कभी आपसी झगड़े में इतने हिंसक हो जाते हैं कि वे एक-दूसरे को काट भी लेते हैं। वह चाहे परिवार का सदस्य ही क्यों न हो। इस प्रकार की आक्रामक और हिंसक सोच बच्चों के व्यक्तित्व और स्वभाव को कभी-कभी इतना प्रभावित करती है कि ऐसे बच्चों के तीखे तेवर देख कर स्वयं अभिभावक भी उनसे डरने लगते हैं। ऐसे बच्चे जब बिगड़

जाते हैं तो उन्हें काबू में लाना न केवल कठिन, बल्कि कभी-कभी असंभव भी हो जाता है।

इस विषय में मनोवैज्ञानिक सच यह है कि बच्चा अपनी सुरक्षा के प्रति हमेशा चिंतित रहता है। जिस प्रकार से दूध का जला छाछ को भी फूंक-फूंक कर पीता है, उसी प्रकार एक बार का हिंसक व्यवहार बच्चे को हमेशा-हमेशा के लिए डरा-डरा सा बनाए रखता है। इसलिए वह दूसरों को मारपीट कर, परास्त कर अपनी सुरक्षा को सुनिश्चित करना चाहता है। असुरक्षा की जरा सी आहट ही उसे बहुत अंदर तक सतर्क कर देती है। अपनी किसी भी असफलता, निराशा, प्रतिशोध पर उसे अत्यंत क्रोध आता है और वह इस क्रोध का उपयोग अपनी सुरक्षा के लिए करता है।

उम्र के बढ़ने के साथ-साथ उसके विरोध के तरीके भी बदलने लगते हैं। यदि बचपन में वह अपना विरोध रो-चिल्लाकर अथवा रूठ कर या धक्का देकर प्रकट करता है, तो किशोरावस्था में उसकी वृत्ति और भी हिंसक होने लगती है। वह पत्थर मार कर अथवा इससे भी अधिक घातक हथियारों का प्रयोग करने लगता है। युवावस्था में यही हिंसक प्रवृत्ति कभी-कभी घर में रखे हुए घातक हथियार बंदूक, तलवार आदि के उपयोग के रूप में प्रकट हो सकती है। अकसर कुलीन परिवारों में इन घातक हथियारों का उपयोग भावनात्मक उत्तेजना के क्षणों में हो जाता है। चूंकि बच्चों में हिंसक प्रवृत्ति स्वाभाविक रूप में होती है, अतः आप इन प्रवृत्तियों को कभी नकारें नहीं, बल्कि इन्हें ठंडा करने के लिए हमेशा बच्चों को भले-बुरे का ज्ञान कराते रहें। बच्चों की हिंसक और आपराधिक प्रवृत्ति को शमित करने के लिए अभिभावकों को अपनी सोच को व्यावहारिक बनाना चाहिए।

परिवार में बच्चों की संख्या अधिक न होने दें

हम दो-हमारे दो के सिद्धांत का व्यावहारिक और मनोवैज्ञानिक पहलू है कि परिवार में अधिक बच्चे क्लेश का कारण बनते हैं। इसलिए परिवार में बच्चों की संख्या पर ध्यान दें। जिन परिवारों में बच्चों की संख्या अधिक होती है, उन परिवारों में बच्चों की उचित देख-भाल नहीं हो पाती और इसके अभाव में उन्हें न तो अच्छी शिक्षा ही मिल पाती है और न उनमें संस्कार ही पड़ पाते हैं। ऐसे बच्चे आर्थिक और भावनात्मक स्नेह के अभावों में रह कर बिगड़ जाते हैं।

दो बच्चों के बीच आयु का पर्याप्त अंतर रखें

जुड़वां अथवा हमउम्र बच्चों में ईर्ष्या भाव शीघ्र ही पैदा हो जाता है और वे एक-दूसरे को अपना प्रतिद्वंद्वी समझने लगते हैं। पढ़ने-लिखने, विवाह-शादी और रोजगार के मामले में भी एक-दूसरे से आगे निकल जाना चाहते हैं। ईर्ष्या का यह भाव बढ़ जाने पर बच्चे को कुंठित या उद्दंड बना देता है। कभी-कभी परिवार में जब बड़ी लड़की को छोड़ कर छोटी लड़की की शादी हो जाती है अथवा बड़ी की अपेक्षा छोटी पढ़ाई में आगे निकल कर बड़ी कक्षा में पहुंच जाती है, तो बड़ी के मन में छोटी के प्रति इस प्रकार की हिंसक भावनाएं पनपने लगती हैं और वे अवसर पा कर कभी भी प्रकट हो जाती हैं। ऐसी किसी भी स्थिति में अभिभावकों में धैर्य, संयम और विवेक से काम लेना चाहिए। ऐसे किसी भी मामले में अभिभावकों द्वारा बच्चों में ली गई रुचि सकारात्मक प्रभाव डालती है और बच्चे खुद को सुधारने की पहल करने लगते हैं। मित्र-मंडली में भी ऐसे बच्चों की गिनती समझदार बच्चों में होने लगती है।

दूसरे बच्चों से तुलना न करें

अकसर अभिभावक अपने बच्चों की तुलना ऐसे श्रेष्ठ बच्चों से करने लगते हैं, जो किन्हीं क्षेत्रों में इन बच्चों से आगे होते हैं। सुंदर अथवा प्रतिभाशाली होते हैं, बुद्धिमान, योग्य अथवा सफल होते हैं। इस प्रकार की तुलना से कमजोर बच्चे अपने आपको हीन, अयोग्य, और अन्य सभी क्षेत्रों में बौना समझने लगते हैं। इससे वे उन बच्चों से नफरत करने लगते हैं, जिनसे उनकी तुलना की जाती है। यहां तक कि ऐसे बच्चों के प्रति उनके मन में हिंसक भावनाएं और विचार भी पैदा होने लगते हैं, ऐसे बच्चे चाहे उनके भाई-बहन ही क्यों न हों। ऐसे बच्चों के सामने आते ही हीन भावना से ग्रसित बच्चे हिंसक भावनाओं से भरने लगते हैं। उनका चेहरा तमतमाने लगता है। आंखें जलने लगती हैं और क्रोध से लाल हो जाती हैं। मुट्ठियां बंध जाती हैं। वे अकारण ही ऐसे बच्चों से उलझने लगते हैं।

बच्चों की सोच को सकारात्मक बनाएं

स्वभाव से क्रोधी बच्चों की सोच को सकारात्मक बनाएं। उसमें निराशावादी विचार आने ही न दें। उसे खेलने के पर्याप्त अवसर प्रदान करें। पार्क में घूमने जाने दें। प्रातः सैर के लिए भेजें। प्रकृति का सामीप्य बच्चों को शांत स्वभाव का बनाता है। उसमें सहनशीलता आती है।

हिंसक प्रवृत्ति को शमित करें

बच्चों की हिंसक प्रवृत्ति को शमित करने का सबसे सरल उपाय यह है कि उन्हें रचनात्मक कार्यों से जोड़ें। पेड़-पौधों की देख-भाल, पौधों को पानी देना, क्यारियां तैयार करना, घर की सफाई, वस्त्र और कंप्यूटर पर डिजाइनिंग, प्रॉब्लम हल करना, छोटे भाई-बहनों को पढ़ाना, कपड़े सीना, वाद्य यंत्रों का अभ्यास, रसोई के कामों में सक्रिय सहयोग, बीमार माता-पिता अथवा दादा-दादी की देख-भाल आदि ऐसे अनेक कार्य हैं, जिनमें संलग्न रहकर बच्चों की ऊर्जा का सदुपयोग किया जा सकता है। इसलिए बच्चों को उनकी आयु के अनुसार, क्षमता के अनुसार रुचि के अनुकूल ऐसे कार्यों में सक्रिय रूप से जोड़ें। इन कार्यों में सफल होने पर उनकी प्रशंसा करें। प्रशंसा का कोई भी अवसर हाथ से न निकलने दें।

जिन घरों में बढ़ती उम्र के किशोर लड़के-लड़कियां हों उन घरों में घातक हथियार बंदूक, पिस्तौल, स्टेनगन आदि न रखें, क्योंकि इन हथियारों को देखते ही बच्चों की हिंसक प्रवृत्ति सक्रिय होने लगती है और इसी प्रकार की सोच से प्रेरित होकर बच्चे इन घातक हथियारों का प्रयोग करने लगते हैं। इस प्रकार के घातक हथियार जब बच्चों की पहुंच के अंदर होते हैं, तो उनके खतरनाक परिणाम परिवार के लोगों को भुगतने पड़ते हैं।

बच्चों के खान-पान और पहनावे पर भी ध्यान दें। अर्द्धनग्न पारदर्शी वस्त्र बच्चों की यौन भावनाओं को उत्तेजित करते हैं। इसी प्रकार से तामसिक भोजन,

मसालेदार भोजन भी बच्चों की प्रवृत्ति को हिंसक बनाते हैं। जबकि शाकाहारी भोजन बच्चों को शांत रखता है।

समग्र रूप से सृजनात्मक सोच बच्चों की हिंसात्मक प्रवृत्ति को हतोत्साहित करती है। इसलिए आप बच्चों को असली और नकली बंदूक और पिस्तौल की जानकारी अवश्य दें और उसके घातक परिणामों से भी अवगत करा दें।

बच्चों में आपराधिक और हिंसक प्रवृत्ति को शमित करने के लिए यह बहुत आवश्यक है कि अभिभावक इस प्रकार के बच्चों से सहानुभूतिपूर्ण व्यवहार करें। इन बच्चों को दंडित करने के स्थान पर इन्हें स्नेह, संरक्षण और सहायता दें। जो बच्चे किन्हीं विशेष परिस्थितियों के कारण अपराधी बन जाते हैं, उन्हें रचनात्मक कार्यों में लगाकर उनकी अपराध वृत्ति का मार्गांतरण करें। अपराधियों को स्वयं सुधरने के अवसर देकर इन्हें अच्छा इंसान बनाया जा सकता है।

फिल्म 'दो आंखें बारह हाथ' इस सच को उजागर करने का एक बहुत अच्छा प्रयोग था। वी. शांताराम ने यह सिद्ध कर दिया कि अपराधी अच्छे इंसान होते हैं और उनका अंतःकरण अच्छा व्यवहार पा कर बदल सकता है।

इसी प्रकार से बिगड़े बच्चों से संवाद स्थापित कर, उन्हें लेखन, नृत्य, वादन, अभिनय आदि से जोड़कर उनकी अपराध वृत्ति को शमित किया जा सकता है। इन कलाओं में संलग्न करने से बाल अपराधियों के दमित संवेगों को उभारा जा सकता है और वे सामान्य व्यवहार करने लगते हैं, सामान्य जीवन जीने लगते हैं। ऐसे बिगड़े बच्चे सुधर कर एक बार पुनः परिवार से जुड़कर उसके लिए समर्पित हो जाते हैं।

इस विषय में अभिभावकों को अपनी दृढ़ इच्छा शक्ति से परिचय देना चाहिए और निम्न उपायों को अपराध निरोध के रूप में अपनाना चाहिए।

समाधान

1. बच्चों के मन में परिवार के सदस्यों, मित्रों और पड़ोसियों के लिए ईर्ष्याजन्य कोई भाव न पैदा होने दें।
2. बच्चों की किसी कमजोरी, हीनता, दोष अथवा आदत को उनकी मित्र-मंडली के सामने न उछालें। न ही अपने बच्चों के लिए मक्कार, चोर, बेईमान, निकम्मा जैसे शब्दों का प्रयोग करें।
3. कुछ अपराधों के पीछे मन में छिपी कुछ अतृप्त इच्छाएं होती हैं। इस संबंध में ध्यान रखें कि बच्चों को उनके सामान्य अपराध के

लिए कड़ी, अपमानयुक्त सजा न दें। वैसे भी ककड़ी के चोर को कठोर कारावास की सजा नहीं दी जाती।

4. बच्चों के किसी शारीरिक दोष को बार-बार याद न दिलाएं। इससे उनके मन में हिंसक विचार पनपते हैं।
5. बच्चों को सुधरने के पर्याप्त अवसर दें। बच्चा स्वयं सुधरना चाहता है, लेकिन भावनाओं के आवेश में वह कभी-कभी ऐसा आचरण कर बैठता है, जो संवेगों से प्रभावित होता है।
6. कुछ अपराध बच्चे परिवार के बड़ों के कहने अथवा प्रोत्साहन से करते हैं। ऐसे अपराध ही बाद में बच्चों की आदत बन जाते हैं और फिर बच्चों को अपने किए पर आत्मग्लानि होती है। वे जीवन-भर इन अपराध भावों से मुक्त नहीं हो पाते।
7. बच्चों के अनुचित कार्यों, व्यवहारों, फरमाइशों, मांगों को अति लाड़-प्यार में आकर पूरा न करें। ये अनुचित व्यवहार ही बच्चों के मन में आपराधिक भाव पैदा करते हैं।
8. बच्चों के साथ गाली देकर पेश न आएं। न ही बच्चों के सामने उनकी मां, बहन को अपमानित करें। क्रोध में आकर बच्चों को कोसना, अपनी भाग्यहीनता का रोना रोना, इसके लिए बच्चों को भला-बुरा कहना बच्चों को अपराधी और हिंसक बनाता है।
9. बच्चों को अपने पैरों पर खड़ा होने का पर्याप्त अवसर दें। उनमें आत्म-विश्वास पैदा करें कि उनके भीतर पर्याप्त क्षमताएं हैं।
10. कठिन समय में, असफलता की स्थिति में बच्चों को अकेला न छोड़ें।

बच्चों को जितनी गंदी-गंदी गालियां सहनी पड़ती हैं, उसका एक प्रतिशत भी यदि वे व्यक्त कर दें, तो उन पर अत्याचार दो सौ प्रतिशत बढ़ जाएगा।

—डॉ. डी.सी. चौधरी

लक्ष्यहीनता-एक अभिशाप

कटी पतंग की स्थिति लक्ष्यहीन होती है। उसका अंजाम क्या होता है, यह किसी से छिपा नहीं। हर कोई उसे लूट लेना चाहता है। लक्ष्यहीनता की स्थिति बच्चों का वर्तमान और भविष्य कटी पतंग जैसा बना देती है, बिल्कुल अनिश्चित, असुरक्षित और कमजोर। लक्ष्यहीन बच्चे आंधी में गिरे फलों जैसे होते हैं, अपरिपक्व, उपेक्षित और लावारिस, जैसे बिगाड़ ही इनकी नियति हो।

स्कूल-कॉलेज में पढ़ रही भीड़ के लड़कों से जब यह पूछा जाता है कि उनके जीवन का लक्ष्य क्या है? वे पढ़-लिख कर क्या बनना चाहते हैं? वे क्यों पढ़ रहे हैं? तो अधिकाश छात्रों के पास उनके जीवन के लक्ष्य का कोई सटीक, तर्क संगत उत्तर नहीं होता। लक्ष्य के प्रति इस प्रकार की उदासीनता, उपेक्षा स्कूल-कॉलेजों का वातावरण ही बिगाड़ रही है। शिक्षा का स्तर निरंतर गिर रहा है। स्कूल-कॉलेज पढ़ने-लिखने, कुछ सीखने-सिखाने के स्थान पर समय बिताने के केंद्र बन रहे हैं। लड़के-लड़कियां यहां अपना टाइम 'पास' करने आते हैं। सैर-सपाटे कर, कुछ देर कैंटीन में बैठ कर गप्पें मारते हैं या फिर छात्र संघों के माध्यम से अपनी दूषित मनोवृत्ति को मूर्त रूप देने में लगे रहते हैं। छात्र संघों के चुनावों में बाहरी राजनीतिज्ञ स्कूल-कॉलेजों में घुसपैठ कर इन लक्ष्यहीन छात्रों को अपनी ओर आकर्षित करते हैं और इस प्रकार ये लड़के अलग-अलग गुटों, खेमों, दलों, जातियों में बंट जाते हैं। स्कूल और कॉलेजों में जहां बुद्धि और विवेक का उपयोग होना चाहिए, वहां ये लक्ष्यहीन बच्चे गुटबाजी का शिकार हो रहे हैं।

ऐसे लक्ष्यहीन छात्र-छात्राएं ही अपने भविष्य और वर्तमान को सजाने-संवारने के सिवाय सब कुछ कर रहे हैं। लक्ष्यहीनता के कारण ये पिछली बेंचों पर बैठ कर या तो अपना समय व्यर्थ बिताते हैं या फिर 'थर्ड' डिवीजन में पास होकर बेरोजगारों की संख्या बढ़ा रहे हैं। इस तरह परिवार में असंतोष का कारण बने हुए हैं। बढ़ते बोझ के कारण ही इन्हें न तो अभिभावकों का स्नेह, सहयोग ही मिलता है और न ये परिवार की आशाओं-अपेक्षाओं के अनुरूप ही सिद्ध हो रहे हैं।

लक्ष्यहीन लड़के न तो पढ़ लिख ही पाते हैं और न किसी योग्य ही बन पाते हैं। ऐसे लड़कों के बारे में प्रमुख शिक्षा-शास्त्री और विचारक लिंग्विस्टन का मत है 'अर्द्धशिक्षित अनपढ़ों से अधिक खतरनाक हैं।' स्कूल-कॉलेजों के ये अर्द्धशिक्षित लड़के ही दूषित मनोवृत्तियों और आपराधिक गतिविधियों में लिप्त होते जाते हैं। ऐसे लड़के घर और बाहर दोनों जगह से ही उपेक्षा के जगह पात्र बनते हैं। क्योंकि न तो ये शिक्षित होकर अपना लक्ष्य प्राप्त कर पाते हैं और न आशिक्षित की तरह साधारण कार्यों से समझौते ही कर पाते हैं। ऐसे लड़के कल्पना को पूरी करने के लिए अपराध की ओर मुड़ जाते हैं और बहुत शीघ्र ही इन्हें अपने आप पर ग्लानि होने लगती है, क्योंकि इन्हें सब स्थानों पर उपेक्षा ही मिलती है।

जलती आग में घी का काम करती है छात्र संघ की गंदी राजनीति

छात्र संघों के चुनावों में लड़के-लड़कियों का अधिकांश समय छात्र-छात्राओं से निरंतर संपर्क बनाने, उन्हें प्रभावित करने, उनसे संबंध बढ़ाने आदि में व्यतीत होता है। संपर्क साधने के इस व्यवहार में चूंकि लड़कों को लड़कियों से बातचीत करने का अवसर मिल जाता है, इसलिए लड़के इन चुनावों में बड़ी दिलचस्पी लेते हैं और 'लाइट में आने' के सभी उपाय करते हैं। ये पैसे को पानी की तरह खर्च करते हैं। रात-रात होस्टलों के कमरों में विचार-विमर्श होता रहता है। चाय और बीयर के दौर भी चलते हैं। आशय यह कि छात्र इन चुनावों में वे सारे हथकंडे सीख जाते हैं, जो उन्हें पढ़ने-लिखने से वंचित कर देते हैं। कभी-कभी कुछ छात्र-छात्राएं इन चुनावों के कारण ही किन्हीं भ्रामक धारणाओं गलतफहमियों का शिकार हो जाते हैं और फिर इन्हीं गलतफहमियों के कारण एक-दूसरे की नजरों में सवालिया अपेक्षाएं तलाशने लगते हैं, जो उन्हें लक्ष्यों से दूर कर देती हैं।

कई बार तो ये चुनाव प्रतिष्ठा के सवाल भी बन जाते हैं और छात्र इन्हें

किसी भी कीमत पर जीतना चाहते हैं, चाहे इसके लिए उन्हें बाहरी तत्त्वों का सहारा ही क्यों न लेना पड़े। इस प्रकार की सोच छात्रों को उन राजनीतिज्ञों की शरण में पहुंचा देती है, जो आपाराधिक छवि वाले होते हैं अथवा जिनके संबंध माफिया गिरोहों, तस्करों और ऐसे ही लोगों से होते हैं। इन लोगों का संरक्षण और अभयदान पाकर ये छात्र इतने बिगड़ जाते हैं कि शीघ्र ही इनके कारनामे अखबारों की सुर्खियों में आने लगते हैं।

ऐसे छात्र नेता भावी पीढ़ी के दादा बन उन्हें भी इन्हीं राहों में चलने के लिए प्रेरित करते हैं। ऐसे छात्र ही अपनी आर्थिक आवश्यकताओं की पूर्ति के लिए धनी छात्रों से 'चौथ वसूली' करने लग जाते हैं। छात्राओं को आतंकित कर उनका शारीरिक और मानसिक शोषण करने लगते हैं।

आशय यह है कि जिस प्रकार से एक मछली सारे तालाब के पानी को गंदा कर देती है, उसी प्रकार से छात्र संघों की गंदी राजनीति करके छात्र अपने भविष्य को दांव पर लगा देते हैं।

लक्ष्यहीन लड़कों की स्थिति राह पर पड़े पत्थर जैसी होती है, जिसे हर कोई ठोकर मारते हुए निकल जाता है। सच तो यह है कि इस सृष्टि में मनुष्य चेतनायुक्त एक ऐसा प्राणी है, जो बुद्धि, विवेक और तर्क के आधार पर कुछ

इस प्रकार से नियोजित करता है, जिससे उसका वर्तमान और भविष्य न केवल सुरक्षित और सुनिश्चित रहे, बल्कि विपरीत परिस्थितियों में भी उसे किसी प्रकार की हीनता न सहनी पड़े। इसी विचार को अभिभावक अपने बच्चों को विरासत रूप में प्रदान कर उनके जीवन का लक्ष्य निर्धारित करते हैं। लक्ष्यहीन व्यक्ति को तो पग-पग पर असफलताओं का ही मुंह देखना पड़ता है।

प्यास लगने पर कुआं नहीं खोदा जाता। प्यास तो जीवन की शाश्वत आवश्यकता है और इसको बुझाने का प्रबंध समय से पूर्व करना ही बुद्धिमता है। बुद्धिमान समय पर सोच-समझ कर भावी भविष्य के लक्ष्य निर्धारित करते हैं। इन लक्ष्यों की प्राप्ति के लिए निरंतर संघर्ष करते हैं। जीविका का प्रबंध एक ऐसी ही सोच है, जिसके लिए निरंतर परिश्रम की आवश्यकता होती है। यही जीवन क्रम है। इसलिए लक्ष्य तो वे कर्म हैं, जिन्हें कर्मण्य व्यक्ति आशा, विश्वास, परिश्रम और मनोबल से प्राप्त करते हैं। इससे संतुष्ट होते हैं। संतुष्टि का यह अहसास लड़कों को निरंतर परिश्रम करने के लिए प्रेरित करता है, जो व्यक्ति जितना अधिक परिश्रमी होता है, लक्ष्य उसके उतने ही करीब आते हैं। इसलिए अभिभावकों को प्रारंभ से ही बच्चों के समक्ष जीवन के लक्ष्य निर्धारित करने चाहिए। इन लक्ष्यों की प्राप्ति के लिए उन्हें सहयोग, समर्थन, मॉरल सपोर्ट आदि देना चाहिए। इसके लिए यह बहुत आवश्यक है कि अपने बच्चों की क्षमताएं जानें। उन्हें इसके अनुरूप शिक्षण-प्रशिक्षण दिलाएं। इस विषय में समय-समय पर कैरियर कौंसिलर की सलाह लें, ताकि बच्चे अपने निर्धारित लक्ष्य को प्राप्त कर सफलता की नई ऊंचाइयों को छू सकें।

समाधान

1. बच्चों का भविष्य उसके वर्तमान पर ही निर्मित होता है, इसलिए उसके वर्तमान को सजाएं-संवारें।
2. हायर सेकंडरी परीक्षा उत्तीर्ण कर लेने के बाद उसके भविष्य की दिशाएं तय करें। कैरियर के संबंध में उसकी अभिरुचियां अब तक पूर्ण विकसित हो जाती हैं, इसलिए उसके निर्णयों को ही मान्यता, प्रतिष्ठा और सहयोग दें।
3. परंपरा से हटकर कुछ नया करने, नया सोचने के अवसर दें। इस नया करने की सोच में अविश्वास व्यक्त न करें। पर्यटन, एम.बी.ए., होटल प्रबन्धन, मार्केटिंग, सी.ए., जनसंपर्क, पत्रकारिता,

विज्ञापन, मॉडलिंग, वाद्य-यंत्रों का वादन आदि ऐसे व्यवसाय हैं, जिन्हें जीवन का लक्ष्य बनाया जा सकता है।

4. लक्ष्य निर्धारण में विकल्पों के द्वार हमेशा खुले रखें।
5. बच्चों के भविष्य निर्माण या लक्ष्य प्राप्ति में सबसे बड़ी बाधा 'होम सिकनेस' होती है। अतः बच्चों के लक्ष्य निर्धारण में बाधक न बनें। उन्हें भविष्य निर्माण के लिए बाहर जाने दें।
6. अधिकांश बच्चे परंपरागत रूप से होने वाले व्यापार अथवा कार्य में रुचि नहीं लेते, जबकि अभिभावक उनसे यह अपेक्षा करते हैं कि वे इन्हीं कार्यों या व्यापार को संभालें। इस विषय में बच्चों को विवश कर उनके जीवन में नीरसता के स्रोत पैदा न करें।
7. जो छात्र गणित, भौतिकशास्त्र जैसे विषयों में प्रवीण हों, उन्हें आई.आई.टी. के विभिन्न पाठ्यक्रमों में प्रवेश दिलाएं। उन्हें लक्ष्य प्राप्ति में पर्याप्त सफलताएं मिलेंगी।
8. चिकित्सा के क्षेत्र में यदि आप डॉक्टर नहीं बन पाए हैं, तो निराश न हों। चिकित्सा से संबंधित अन्य अनेक सेवाएं हैं। इनसे अपने आपको जोड़ें। इसमें नाम प्रतिष्ठा और सफलता की पर्याप्त संभावनाएं हैं।
9. बच्चों पर अपनी इच्छाएं, अपेक्षाएं, आशाएं, प्रभाव न थोपें।
10. संकल्पित होकर लक्ष्य प्राप्ति के लिए प्रयास करें। बच्चों की इच्छा शक्ति को बढ़ाएं। संकल्प के सामने कोई विकल्प नहीं होता।

अंधकार चाहे कितना ही घना क्यों न हो, प्रकाश की किरणें उसे पी जाती हैं।

—अज्ञात

पलायनवादी प्रवृत्ति न पनपने दें

> पलायनवादी प्रवृत्ति बच्चों के व्यक्तित्व का एक ऐसा दोष है, जो उनके जीवन को नीरस, बोझिल, दिग्भ्रमित बनाकर परिवार और घर के प्रति विद्रोही बना देता है। जब ऐसे बच्चे अपनी ही बनाई हुई समस्याओं के जाल में इतने अधिक उलझ जाते हैं कि उन्हें इनका कहीं कोई समाधान नजर नहीं आता, तो वे घर से, यहां तक कि कभी-कभी जीवन से ही पलायन करने की सोचने लगते हैं, लेकिन यह पलायनवादी सोच और प्रवृत्ति न तो उनकी किसी समस्या का समाधान है और न कोई उपाय। इस बारे में एक चिंतन...।

प्रतिदिन देश-प्रदेश के समाचार-पत्रों में ऐसे अनेक विज्ञापन प्रकाशित होते हैं, जिनमें घर से पलायन कर गए युवाओं की तलाश होती है। दूसरी ओर घर से पलायन करने वाले लड़कों की जेब से जो पत्र मिलते हैं, उनमें भी आत्महीनता भरे ऐसे शब्द लिखे हुए होते हैं कि मन कचोट उठता है, दुख से भर उठता है। आखिर ऐसी क्या विवशता होती है इन युवाओं के सामने, ऐसी कौन-सी परिस्थितियां होती हैं कि लड़के-लड़कियां घर से भागने पर मजबूर हो जाते हैं? यह जानते हुए भी कि पलायन की यह प्रवृत्ति भविष्य को बिल्कुल चौपट कर देती है, वे एक ओर जहां घरवालों, मित्रों और परिचितों का विश्वास खो देते हैं, वहीं अपने भविष्य को भी अंधकारमय बना लेते हैं। कई बार तो ऐसे बच्चे गलत संगत के कारण इतने दुःसाहसी हो जाते हैं कि उन्हें कुछ भी करने और कहने में संकोच नहीं होता। मान-मर्यादा की सारी सीमाएं इन्हें बौनी लगने लगती हैं।

यह देखा गया है कि बच्चों में पलायन की प्रवृत्ति के लिए उनकी आत्महीनता,

भय और बाहरी दुनिया की चमक-दमक के प्रति आकर्षण उत्तरदायी होता है। अतः उनमें पलायनवादी सोच पैदा न हो, इसके लिए आवश्यक है कि अभिभावक परिवार के सभी बच्चों को समान रूप से स्वीकारें और इन्हें थोपा हुआ बोझ न समझें। वास्तव में जब बच्चे अपनों से ही उपेक्षित होने लगते हैं, तो उसमें घर के प्रति आकर्षण कम होने लगता है और बाहरी दुनिया का आकर्षण बढ़ने लगता है।

अभिभावकों को चाहिए कि बच्चों के शारीरिक, मानसिक, सांस्कृतिक, सामाजिक, व्यावहारिक और आर्थिक विकास में रुचि लें। उनके कैरियर में रुचि लें। उनके भविष्य निर्माण में सक्रिय सहयोग करें।

कुछ अभिभावक अपनी अत्यधिक व्यस्तता के कारण बच्चों को उतना समय नहीं दे पाते, जितना उन्हें संरक्षण के लिए मिलना चाहिए। जिन परिवारों में मां-बाप दोनों ही कामकाजी होते हैं अथवा जो अभिभावक सुबह से ही अपने-अपने कामों पर चले जाते हैं, उन्हें बच्चों की तरफ देखने के लिए समय ही नहीं मिलता। ऐसे परिवेश में बच्चे शीघ्र ही गलत संगत के कारण इतने बिगड़ जाते हैं कि अंत में उनका यह बिगड़ापन इन्हें घर से पलायन करने के लिए विवश कर देता है और अभिभावकों की आंखें तब खुलती हैं, जब पानी सिर से ऊपर चला जाता है।

बच्चों को हमेशा रचनात्मक कार्यों में लगाएं। इससे जहां उन्हें मानसिक संतुष्टि का अहसास होगा, वहीं वे इन कार्यों में ही अपना भविष्य भी तलाश लेंगे। इस प्रकार से रचनात्मक कार्यों में संलग्नता उन्हें दिशा देती है और इससे बच्चों की प्रवृत्ति सामाजिक बनती है।

बच्चों को अपमानित, प्रताड़ित करने की अपेक्षा उनकी कमजोरियों, कमियों, दोषों को दूर करें। असफलता के क्षणों में उन्हें अपमानित करना और यह कहना— बेशर्म कहीं का... निकम्मा कहीं का... दूर हो जा मेरी नजरों से... चुल्लू-भर पानी में डूब मर... खानदान की इज्जत पर कलंक बना बैठा है...— बच्चों को पलायनवादी बनाता है और वे घर अथवा जीवन से भाग जाना ही अपनी इस समस्या का एकमात्र हल मानने लगते हैं।

बच्चों की भावनाओं, इच्छाओं, विचारों का सम्मान करें। उनकी छोटी-से-छोटी सफलता को भी सराहें। उनके मित्रों के सामने उसकी सफलताओं, गुणों, की चर्चा करें। उनकी कमियों, अभावों और दोषों को न कोसें।

बच्चों को मानसिक रूप से इतना विकसित कर दें कि वे दूसरों से सहयोग लेने में संकोच न करें। दूसरों के सहयोग के बिना कोई भी व्यक्ति उतनी प्रगति नहीं कर सकता, जितनी कि वह दूसरों से सहयोग लेकर कर सकता है। बच्चों में यह भावना घर कर जानी चाहिए कि दूसरों से सहयोग लेने में कोई व्यक्ति छोटा नहीं हो जाता और न ही उसका मान-सम्मान या प्रतिष्ठा कम होती है। इस प्रकार के सहयोग के प्रति कृतज्ञता ज्ञापित करना भी शिष्टाचार है। अतः शिष्टाचार भी वे अपनाएं।

बढ़ती उम्र के बच्चों के प्रति अभिभावकों की सोच जहां बच्चों को पलायनवादी प्रवृत्ति से बचाएगी, वहीं बच्चे अपने भविष्य के प्रति स्वयं चिंतनशील होकर इसे सजाएंगे-संवारेंगे। ऐसे बच्चों के जीवन में सफलताएं सुनिश्चित होंगी।

समाधान

1. बच्चों को उनकी किसी असफलता के लिए प्रताड़ित अथवा अपमानित न करें। प्रताड़ना बच्चों को अंदर-ही-अंदर इतना अधिक तोड़ देती है कि कभी-कभी तो वे विवेकहीन हो जाते हैं। विवेक शून्यता की इस स्थिति में वे क्या कदम उठाएंगे, कहा नहीं जा सकता।

2. जब बच्चा अथवा आप क्रोध की स्थिति में हों, तो आवेश में आकर कोई कर्कश शब्द न बोलें, गाली अथवा अपशब्द न कहें। इन शब्दों का बड़ा गहरा प्रभाव पड़ता है और बच्चा इस प्रकार के शब्दों को कभी नहीं भूल पाता। 'दूर हो जा, अब मुझे अपनी मनहूस शक्ल मत दिखाना' जैसे शब्द सुनकर बच्चा आत्महत्या करने तक की सोचने लगता है।

3. बच्चे का घर और अपनों के प्रति लगाव-जुड़ाव हमेशा बनाए रखें। उसे घर का उपयोगी घटक मानें। उसके विचारों, बातों को महत्व दें।

4. यदि बच्चे से जाने-अनजाने कोई भूल, गलती अथवा हानि हो गई हो, तो उसे इसका अहसास अवश्य कराएं, लेकिन इसके लिए उसे कठोर सजा न दें। कम-से-कम एक-दो बार तो उसे माफ कर दें, ताकि वह अपनी गलती पर पश्चाताप कर सके। उसे सुधार सके।

5. चोरी, झूठ, बहानेबाजी, चुगली आदि व्यवहार पलायनवादी सोच को बढ़ावा देते हैं, इसलिए बच्चों में पड़ी इन तमाम आदतों से छुटकारा दिलाने की सोच पालें।

6. बच्चों को इस सत्य से परिचित करा दें कि दूर के ढोल सुहावने होते हैं। ग्लैमर की जिस चकाचौंध को वे सिनेमा के पर्दे पर देखते हैं, वे जीवन का सच नहीं, बल्कि मृगतृष्णा हैं। सिनेमा का जीवन यथार्थ से मेल नहीं खाता। इसलिए जीवन की वास्तविकताओं को स्वीकारें।

7. बच्चों को इस सत्य से भी परिचित करा दें कि दुनिया में ऐसे लोगों की कमी नहीं, जो अपनी चिकनी-चुपड़ी बातों द्वारा दूसरों की कमजोरियों और कमियों से लाभ उठाते हैं। बहला-फुसला कर अपना उल्लू सीधा करते हैं। उनके साथ छल-कपट करते हैं। ऐसे लोगों से सावधान रहने की आवश्यकता है। उनकी बातों में आकर घर से पलायन करने की मूर्खता कभी न करें।

8. जिस प्रकार से प्रगति करके बच्चे अपने मां-बाप का नाम रोशन करते हैं, ठीक उसी प्रकार जीवन से अथवा घर से पलायन कर बच्चे अपने मां-बाप का नाम बदनाम भी करते हैं। अतः उनमें प्रगति की आस जगाएं।

9. असफलता कोई अभिशाप नहीं। यह तो कसौटी है, परख है। अतः जीवन में जब कभी असफलता का सामना करना पड़े, तो उसे भी खुले दिल से स्वीकारें। इसके कारण मन में हीनता अथवा आत्मग्लानि न लाएं।

10. अपने बच्चों को हमेशा आगे बढ़ने के लिए प्रेरित करते रहें। कुम्हार की भांति उसे अंदर से सहारा दें, लेकिन उसके दोषों को ठीक करने के लिए हलके हाथों से स्नेह भरा प्रहार करते रहें।

संकल्प के सामने कोई विकल्प नहीं होता, इसलिए संकल्प के सामने कोई भी दुराग्रही सोच ठहर नहीं पाती।

—वन्दना अरोरा

कुंठाओं को स्थायी न होने दें

> परिवार, निकट संबंधियों और शिक्षकों से अपेक्षाओं और इच्छाओं की पूर्ति न हो पाने, डांट-फटकार सुन कर अपनी इच्छाओं को दबा देने के कारण बच्चे के मन में पैदा हुई खीझ, आक्रोश, असंतोष, क्रोध और विद्रोह की स्थिति उन कुंठाओं की देन है, जो अब ग्रंथि बन चुकी है और मन में फांस की तरह चुभती है। क्यों नहीं समझते अभिभावक बच्चों के मन में फांस बनी इन इच्छाओं को? बच्चों के मन में पैदा हुआ यह आक्रोश आखिर कहीं-न-कहीं, कभी-न-कभी प्रकट तो होगा ही।

"मैंने इस बच्चे के भविष्य के लिए क्या-क्या पापड़ नहीं बेले। उसे हर प्रकार की सुख-सुविधाएं दीं। अच्छे-से-अच्छे स्कूल में प्रवेश दिलाया। अच्छा खाना, कपड़े, भरपूर जेब-खर्च, घर में पढ़ाने के लिए तीन-तीन ट्यूटर भी रखे, लेकिन आज स्थिति यह है कि वह इंटर भी पास नहीं कर सका। बेटे के अनपढ़ रह जाने से समाज और रिश्तेदारों में नीचा देखना पड़ता है। क्या अभी भी कुछ हो सकता है? मैं उसकी पढ़ाई-लिखाई और सभी तरह के सुधार के लिए मुंह मांगा पैसा खर्च करने को भी तैयार हूं।"

कैरियर कौंसिलर के पास युवाओं की समस्याओं से संबंधित ऐसे ही अनेक पत्र प्रतिदिन आते हैं, जिनमें बच्चों की कुंठाओं, निराशाओं, गंदी आदतों, बढ़ती उच्छृंखलता, अनुशासनहीनता, स्वेच्छाचारिता, पढ़ाई के प्रति उदासीनता, आदि का उल्लेख तो होता ही है, साथ ही कुछ अभिभावक अपनी आत्महीनता का रोना भी रोते हैं। गांवों के ही नहीं, शहरों के बच्चों के बारे में भी ऐसी अनेक शिकायतें मिलती हैं, जिनके पास साधनों का कोई अभाव नहीं होता, फिर भी वे पढ़ाई-लिखाई

में जीरो रह जाते हैं। पढ़ने-लिखने की उम्र व्यतीत हो जाने के बाद ये लड़के कुंठाओं से कुछ इस प्रकार घिर जाते हैं कि उनके पास अपनी इन समस्याओं का कोई हल ही नहीं होता। ऐसे बच्चों की इन कमजोरियों की कीमत अभिभावकों को चुकानी पड़ती है।

दरअसल जब बच्चे अपनी इच्छाओं और आवश्यकताओं की पूर्ति समय पर नहीं कर पाते, तो वे तनावग्रस्त होकर आत्महीनता, निराशा और कुंठा में जीने लगते हैं। लगातार बनी ऐसी स्थितियां उन्हें परिवार और समाज के प्रति विद्रोही बना देती हैं। ऐसे बच्चों में कुछ मनोविकार पैदा होने लगते हैं। ये मनोविकार ही बच्चों को गुस्सैल, झगड़ालू, असामाजिक, अपराधी और दबंग बनाते हैं। मनोरोगों से ग्रसित ये बच्चे घर और बाहर दोनों ही स्थानों पर असफलताओं के शिकार होते हैं। इन बच्चों के सामने समायोजन की अनेक समस्याएं पैदा होती हैं, जिन्हें अभिभावक चाहते हुए भी हल नहीं कर पाते। समायोजन के अभाव में उनका वर्तमान और भविष्य घड़ी के पेंडुलम की तरह अधर में ही लटकता रहता है। ऐसे असंतुष्ट और कुंठाग्रस्त बालकों की मनःस्थिति, उन्हें मानसिक रूप से बीमार बना देती है।

वास्तव में अवस्था के अनुकूल हर बालक की कुछ इच्छाएं, कामनाएं और आवश्यकताएं होती हैं। ये ही उन्हें क्रियाशील, संतुष्ट और उत्साही बनाती हैं। बच्चे अपनी इन इच्छाओं की पूर्ति के लिए अपने लक्ष्य निर्धारित करते हैं। लक्ष्य प्राप्ति के मार्ग में आई बाधाएं या तो उन्हें साहसी बनाती हैं अथवा वे निराश होकर तनावग्रस्त हो जाते हैं। अभिभावक अथवा परिवार जनों का सहयोग, स्नेह और प्रेरणा ही उन्हें उत्साही बनाता है। इच्छाओं की विपरीत अवस्था कुंठा पैदा करती है। ये कुंठाएं ही उन्हें निराश अथवा उद्दण्ड बनाती हैं।

बच्चों में कुंठाओं को स्थायी करने वाले निम्न कारण होते हैं–

1. प्रतियोगी भावना : आज के युग में अधिकांश बच्चे उच्च पदों पर पदस्थ होना चाहते हैं। वे अपने कैरियर के प्रति इतने सजग होते हैं कि रात-दिन मेहनत कर लक्ष्य प्राप्त करना चाहते हैं लेकिन जब लक्ष्य तक नहीं पहुंच पाते, तो अपनी असफलताओं से कुंठित होकर नकारात्मक सोच से ग्रसित हो जाते हैं।

2. महत्वाकांक्षी सोच : फिल्मी संस्कृति के प्रभाव के कारण हर व्यक्ति की सोच ग्लैमर और शान-ओ-शौकत भरी जिंदगी की हो गई है। वह अच्छा खाना, पहनना, शानदार कोठी-बंगले में रहना चाहता है, जबकि सच तो यह है कि फिल्मी जीवन वास्तविक जीवन नहीं है। उसमें बनावट और कृत्रिमता अत्यधिक मात्रा में होती है। जीवन में सबको मनचाहा लक्ष्य भी तो प्राप्त नहीं होता। इस प्रकार की स्थिति भी अधिकांश बच्चों को कुंठित कर देती है।

3. जन्मजात अयोग्यता : शारीरिक और मानसिक अयोग्यताओं के कारण बच्चे चाह कर भी वह सफलता प्राप्त नहीं कर पाते, जिसे प्राप्त करना चाहते हैं। ऐसे बच्चे दूसरों के सामने अपने आपको हीन, कमजोर, भाग्यहीन समझ कर कुंठाग्रस्त हो जाते हैं।

अनेक बाहरी कारण भी बच्चों की सोच को प्रभावित करते हैं। आशय यह है कि बच्चों के मन में उपजी इस प्रकार की कुंठाओं को स्थायी रूप से उनके मन में न रहने दें।

समाधान

1. समय रहते बच्चों से संवाद स्थापित कर उनकी मनोवैज्ञानिक इच्छाओं, आवश्यकताओं, व्यवहारों को संतुष्टि के अवसर दें। बच्चों को परिवार और अपनों से जोड़ें।

2. बच्चों पर हमेशा आज्ञाओं, आदर्शों की बौछार न करते रहें। इस तरह की बातें सुन-सुन कर बच्चे चिड़चिड़े हो जाते हैं। उनमें क्रोध और आक्रोश पैदा होने लगता है।

3. बच्चों की पैनी नजर से अभिभावकों के व्यवहार छिप नहीं पाते, इसलिए उनके सामने ऐसे व्यवहार न करें, जो उन्हें मानसिक रूप से बोझिल, कुंठाग्रस्त बनाते हों, वह चाहे पति-पत्नी के संबंध ही क्यों न हों। बालक यह कभी नहीं चाहता कि उसके पिता के संबंध उसकी मां से तनावपूर्ण हों।

4. बच्चों को अपना काम स्वयं करने दें। ऐसा करके उन्हें अधिक सुखानुभूति होती है, वे संतुष्ट होते हैं।

5. बच्चों को मेहमानों, परिचितों और घर आने वाले पड़ोसियों, मित्रों से परिचित कराएं। उनके गुणों की चर्चा अवश्य करें।

6. बच्चों की किसी कमजोरी, हीनता के लिए उन पर व्यंग्य या तानों की बौछार न करें। किन्हीं कमियों के लिए लानत न दें।

7. अनावश्यक रूप से टोकना, डांटना, बात-बात में अविश्वास प्रकट करना उन्हें कुंठित और निराश करता है, उनकी भावनाओं को आहत करता है। इससे बच्चा अभिभावकों के प्रति उपेक्षा प्रकट करने लगता है। अतः इससे बचें।

8. बच्चों के मूड को जाने-समझें। बिना मूड के उन्हें किसी भी काम में न लगाएं। न ही करने के लिए कहें। चाहे वह कितना ही आवश्यक क्यों न हो।

9. बच्चा जब स्कूल से अथवा खेलकर घर वापस आए, तो उसके सामने शिकायतों, उलाहनों और अपेक्षाओं का चिट्ठा न खोलें। न ही उसे किसी अन्य कठिन अथवा जोखिमपूर्ण कार्य को करने के लिए कहें।

10. बच्चों की सोच को उनकी उम्र और आवश्यकता के अनुसार समझें। इससे आपको अपनी सोच को बच्चे की सोच के अनुरूप बनाने में मदद मिलेगी और आप उनसे मित्रवत व्यवहार कर सकेंगे।

परिवार से कटा हुआ बच्चा मानवीय संवेदनाओं से वंचित होने लगता है।

—बाल मनोविज्ञान का सिद्धांत

आर्थिक संपन्नता-एक अभिशाप

> स्कूलों में पढ़ने वाले संपन्न परिवारों के बच्चे जब गाड़ी से उतरते हुए, ड्राइवर से यह अपेक्षा करते हैं कि वह गेट खोले, उसका बस्ता लेकर साथ चले तो समझ लें कि संपन्नता सिर चढ़कर बोल रही है और इस आर्थिक संपन्नता के दुष्परिणाम से बच्चे अछूते नहीं रह सकते। क्या प्रभाव पड़ता है आर्थिक संपन्नता का बच्चों के व्यक्तित्व पर—एक विवेचन।

स्कूल और कॉलेज में पढ़ रहे धनी परिवारों के बच्चों में धन की अधिकता के कारण कई प्रकार के असामान्य व्यवहार दिखाई देने लगते हैं। केवल इतना ही नहीं, इन बड़े लोगों के बच्चों को घर से ही इस बात की भी हिदायतें दी जाती हैं कि छोटे लोगों को मुंह मत लगाया करो, अगर इन्हें जरा भी छूट दोगे, तो ये सिर पर बैठने की कोशिश करेंगे।

समाजशास्त्रियों का मत है कि समाज में तेजी से आर्थिक संपन्नता बढ़ने के कारण लोगों की सोच में भी अंतर आया है। आर्थिक दृष्टि से संपन्न वर्ग अपने आपको बिल्कुल अलग समझने लगा है और वह छोटे लोगों से किसी भी प्रकार से समन्वय करने के लिए तैयार नहीं। आर्थिक सम्पन्नता के कारण ही इस प्रकार के अभिभावक अपने बच्चों को महंगे पब्लिक स्कूलों में अंग्रेजी पढ़ाना चाहते हैं।

कथित आधुनिकता और बनावटीपन के कारण अपनी अलग पहचान बनाने के चक्कर में संपन्न घरों के ऐसे बच्चे स्कूलों में पढ़ने-लिखने में रुचि लेने की अपेक्षा प्रायः अन्य असामान्य व्यवहारों में ही अधिक रुचि लेते हैं। परिणाम

यह होता है कि वे इन स्कूलों में संस्कारों के अलावा वह सब सीख जाते हैं, जो इन्हें बिगाड़ने में सहायक होते हैं।

आज हमारे समाज में विशेष रूप से संपन्न परिवारों में (जिनकी संख्या अब बहुत हो गई है) बच्चों को प्रारंभ से ही सभी प्रकार की सुख-सुविधाएं मिलने लगती हैं। केवल इतना ही नहीं, बल्कि उन्हें घर में पानी भी अपने हाथों से नहीं पीना पड़ता। स्कूल जाने के लिए महंगी कार, बस्ता उठाने के लिए नौकर, खाने-पीने के लिए विविध प्रकार के व्यंजन या फिर अनेकानेक सुविधा वाले होस्टल उन्हें हमेशा मिलते हैं। वे यह समझ ही नहीं पाते कि भूख क्या होती है? पैसा कैसे कमाया जाता है? बचत का क्या महत्व है? कठिन समय में कौन किसके काम आता है? मित्रों का क्या महत्व है? परिवार उससे क्या अपेक्षाएं करता है? समाज के प्रति उसके क्या दायित्व हैं? जबकि बच्चों के व्यक्तित्व और भविष्य निर्माण के लिए इन सबका बड़ा महत्व है।

संपन्नता का प्रदर्शन : दोषों का मूल

जब अभिभावक अपनी सम्पन्नता बच्चों के माध्यम से प्रकट करते हैं, तो बच्चों के व्यक्तित्व में कई प्रकार के दोष आ जाते हैं। स्कूल की बातों को अगर थोड़ी देर के लिए अनदेखा भी कर दें, तो बच्चे घर में ही नखरे करने लगते हैं। छोटी-छोटी बातों में ही नाक-भौंह सिकोड़ने लगते हैं। 'यह अच्छा नहीं, वह अच्छा नहीं, यह गंदा है, यह खराब है, मैं यह नहीं खाता, वह नहीं खाता, ऐसा करो, वैसा करो'—ऐसी जरा-जरा सी बातों के लिए जिद करना, क्रोध प्रकट करना उसकी आदत बन जाती है। अहम् भाव उसमें घर कर जाता है। वह अपने आपको दूसरों से श्रेष्ठ, उत्तम, बुद्धिमान, समझदार और विशिष्ट समझने लगता है। दूसरों को हेय दृष्टि से देखना, अपने आपको होशियार समझना उसकी आदत बन जाती है। यहां तक कि वह इस आदत के कारण कभी-कभी तो अपने से बड़ों का अपमान भी कर देता है। सच तो यह है कि उसकी इस प्रकार की सोच उसे कुछ भी नहीं सीखने देती। इस प्रकार की सोच और व्यवहार के कारण ही अन्य साथी लड़के भी ऐसे लड़कों से दूर रहने लगते हैं। वे ऐसे लड़कों को घमंडी समझने लगते हैं। इस प्रकार से सम्पन्न घरों के ये लड़के अपनी रुग्ण सोच के कारण साथी लड़कों से कट कर रह जाते हैं और फिर यह सम्पन्नता ही उनके लिए अभिशाप बन जाती है।

कथित पार्टियों का बच्चों पर असर

आर्थिक दृष्टि से संपन्न वरिष्ठ अधिकारियों, व्यापारियों, राजनयिकों, सत्ता से जुड़े लोगों की जीवन शैली में भी बड़े परिवर्तन को सलरता से देखा जा सकता है। होटल और क्लब संस्कृति से जुड़े इनके ये व्यवहार उन्हें स्कूल से निरंतर दूर कर रहे हैं। ऐसे परिवारों में सोशल स्टेटस को प्रदर्शित करने वाली बड़ी-बड़ी शानदार पार्टियों का आयोजन आए दिन होता रहता है या फिर ये कथित बड़े लोग आए दिन इस प्रकार की पार्टियों में शामिल होते रहते हैं। रात देर से घर आते-जाते हैं। ऐसी पार्टियों का स्वाद बच्चों को भी मिलने लगता है। कभी-कभी तो लड़कियां भी इन पार्टियों में बड़े उत्साह के साथ शामिल होती हैं।

बच्चे जब यह देखते हैं कि घर में कौन-कौन आ रहा है, किसलिए आ रहा है, घर में आने वाले डिब्बों अथवा लिफाफों में क्या है, तो फिर वे भी इस जीवन शैली का सत्य समझने लगते हैं। ऐसे बच्चे दो-चार सौ रुपए अपने साथी बच्चों पर खर्च करने में कोई संकोच नहीं करते। घर में आए ऐसे पैसे को ये बच्चे भी पानी की तरह यार-दोस्तों पर खर्च करते हैं। इन यार-दोस्तों में कुछ चतुर किस्म के लड़के भी होते हैं, जो ऐसे धनी वर्ग के लड़कों को अपना बॉस कहकर उनकी चापलूसी करने लगते हैं और अपना उल्लू सीधा करते हैं। धीरे-धीरे ये बॉस लड़के गुटबंदी के लिए प्रसिद्ध हो जाते हैं, जो इनके अपराधी जीवन की आधारशिला बनती है।

चोरी-छिपे महंगी सिगरेट पीना, जुआ खेलना और फिर ड्रग्स का सेवन इनकी आदत बनती जाती है। घर में मम्मी-पापा को इन बातों की खबर तब मिलती है, जब मम्मी अथवा पापा रात देर से घर लौटते हैं और यह पता चलता है कि अभी तक उनका लड़का भी घर वापस नहीं आया है।

विपरीत सेक्स के प्रति आकर्षण

इस उम्र में विपरीत सेक्स के प्रति लड़के-लड़कियों में आकर्षण पैदा होने लगता है। सहशिक्षा के कारण लड़के-लड़कियों को एक-दूसरे के निकट आने के पर्याप्त अवसर भी सरलता से मिल जाते हैं, क्योंकि अब बर्थडे पार्टी पर एक-दूसरे को बुलाने, उपहार देने के व्यवहार को शिष्टाचार समझा जाने लगा है। वेलेनटाइन डे जैसे दिनों में एक-दूसरे के प्रति प्रेमभाव प्रदर्शित करने का व्यवहार सामान्य समझा जाने लगा है। इसलिए कुछ लड़के साथ पढ़ने वाली लड़कियों को 'चीप' समझ उनके साथ छेड़छाड़ करने को अपना अधिकार समझने लगते हैं। कुछ लड़के

किसी लड़की की किसी एक अदा पर मर मिटते हैं और उसे पाने के लिए एकपक्षीय प्रेम की भावनाओं में डूबने लगते हैं। कुछ अपने इस एकपक्षीय प्यार को असफल होता देख इन लड़कियों का जीवन तबाह करने की सोचने लगते हैं।

कुंठाग्रस्त युवाओं से संबंधित ऐसी अनेक घटनाएं नित्य घटित होती हैं। विडंबना तो यह है कि ऐसी घटनाओं की संख्या दिनोंदिन बढ़ती ही जा रही है और स्कूल में पढ़ने वाले हीरो किस्म के लड़के इस प्रकार के अपाराधिक आचरण को मर्दानगी समझकर एक के बाद एक अपराध करने में लगे हुए हैं। सारे देश में ही ऐसी घटनाओं का ग्राफ बढ़ता जा रहा है। बड़े बापों के बेटे होने के कारण इस प्रकार के अपराधी कानून की आंखों में धूल झोंकने में सफल हो जाते हैं।

दिल्ली पुलिस के भूतपूर्व संयुक्त आयुक्त आमोद कंठ का कहना है कि पहले आर्थिक अभावों के कारण अपराध होते थे, अब आर्थिक सम्पन्नता के कारण बड़े घरों के लड़के अपराधों की ओर उन्मुख हो रहे हैं।

बच्चों को प्राकृतिक जीवन जीने दें

बच्चों का सही ढंग से विकास समान आयु स्तर, समान बौद्धिक स्तर, समान रुचियों के बच्चों के बीच होता है, इसलिए बच्चों से उनका यह माहौल, चिंतन कार्यक्षेत्र और संबंधों का आकाश न छीनें। आप चाहे कितने ही सम्पन्न क्यों न हों, उन्हें बच्चा ही बना रहने दें। उनका बचपन न छीनें। उन्हें साथी मित्रों, कक्षा के संगियों, खेल के मैदान के साथियों के साथ खेलने दें, घूमने दें। दिल की बातें करने दें। उन्हें कभी-कभी मिट्टी में भी खेलने दें, क्योंकि मिट्टी का भी अपना महत्व है। भीगी-भीगी वर्षा में नहाने का भी अपना अलग आनंद है। जब बच्चे खेल के मैदान में अन्य बच्चों के साथ खेलते हैं, तो उनमें परस्पर सहयोग, सहायता, स्नेह, आत्मीयता, सहिष्णुता और सौजन्य की भावना विकसित होती है, प्रतियोगिता की भावना आती है। वे जीत में जो सामूहिक आनंद की अनुभूति अनुभव करते हैं, वह सुखानुभूति ही उन्हें सामाजिक बनाती है। हार में उन्हें बल मिलता है। वह पुनः जीत के लिए प्रयास करने में जुट जाते हैं और इस प्रकार खोई हुई शक्ति पुनः अर्जित कर लेते हैं। हताश होकर नहीं बैठते और न ही जीते हुए साथी उन्हें हताश होने देते हैं। इस प्रकार की भावनाएं जीवन-भर काम में आती हैं। वास्तव में आपकी संपन्नता तभी सार्थक है, जब आप बच्चों में सामाजिक भावना लाएं। सामाजिकता बच्चों का मनोबल बढ़ाती

है। उसके दृष्टिकोण को विकसित करती है, इसलिए बच्चों को उनके साथियों का साथ दिलाएं, उन्हें उनसे अलग न करें।

सामूहिकता की भावना विकसित होने दें

समूह में रहकर बच्चे एक-दूसरे की भावनाओं को समझते हैं। एक-दूसरे का सम्मान करना सीखते हैं। एक-दूसरे से सहयोग लेकर आगे बढ़ते हैं। उनमें समन्वय करने, विषम परिस्थितियों में भी सम्मानजनक समझौता करने की आदत पड़ती है। व्यावहारिक जीवन में केवल अर्थ ही काम नहीं आता। धन तो एक साधन है, इसे साध्य न बनाएं, बल्कि बच्चों को धन का उपयोग करना सिखाएं। उन्हें बताएं कि धन के केवल तीन ही उपयोग होते हैं। दान, उपभोग और नाश। साधन संपन्न अभिभावकों को चाहिए कि बच्चों की धन संबंधी धारणाओं को स्पष्ट करें। उन्हें धन के नाशकारी परिणामों से सावधान रखें। उन्हें पैसे का सदुपयोग करना सिखाएं। पढ़-लिख कर अपने पैरों पर खड़े होने के योग्य बनाएं। यह कहना और समझना कि पैसे से सब कुछ संभव है, भ्रामक है। इसलिए बच्चों के सामने इस प्रकार की बात न कहें और न ही उनके मन में इस धारणा को दृढ़ होने दें। पैसा बहुत कुछ है, लेकिन सब कुछ नहीं। पैसे से न तो सभी काम संभव हुए हैं और न भविष्य में कभी होंगे। इसलिए बच्चों को विचार, विवेक, साहस, तर्क के साथ पैसे के औचित्य के बारे में उनकी धारणाओं को विकसित करें।

सफलता का आधार – साधनों की पवित्रता

अपनी सफलता का आधार साधनों की पवित्रता मानें। अनुचित तरीके से हथियाई गई सफलता बच्चों को हमेशा नीचा दिखाएगी। उसमें चोर जैसी मनोवृत्ति ही विकसित होगी। इसलिए ऐसे साधनों का उपयोग भूलकर भी न करें।

पारिवारिक संपन्नता बच्चों की योग्यता और प्रतिभा में सहायक बने, यह तभी संभव है, जब अभिभावक अपने बच्चों को संपन्नता के इन दुष्प्रभावों से बचाकर रखें।

समाधान

1. बच्चों की आर्थिक अपेक्षाएं जानें, उन्हें एक सीमा तक ही पूरा करें। आर्थिक संपन्नता का प्रदर्शन कर अभिभावक बच्चों की महत्वाकांक्षा बढ़ाते हैं, उनका मानसिक विकास नहीं कर पाते।

2. बच्चों को दिए जाने वाले जेब खर्च को इतना न बढ़ाएं कि वह उस स्टेटस का सिंबल बन जाए। इस प्रकार का जेब खर्च पाकर बच्चे घमंडी हो जाते हैं।
3. घर के बाहर बच्चों द्वारा आयोजित की जाने वाली पार्टियों के स्तर को जानें।
4. बच्चों की हर फरमाइश को पूरा न करें। थोड़े-बहुत आर्थिक अभाव भी बच्चों को संघर्षशील बनाते हैं।
5. आर्थिक अभावों को अभिशाप न मानें। इन आर्थिक अभावों को दूर करने के लिए बच्चों को हमेशा धन का महत्व बताते रहें। परिश्रम, संघर्ष और सफलताएं आर्थिक अभावों को दूर कर सकती हैं। अतः बच्चे इनसे मुंह न मोड़ें।
6. आर्थिक चकाचौंध को जीवन का सच न मानें।
7. आर्थिक संपन्नता का उपयोग जब लोक-कल्याण में होने लगता है, तो उसका प्रभाव बच्चे के मस्तिष्क पर अच्छा पड़ता है। इसलिए धन का उपयोग अच्छे कार्यों पर ही करें।
8. धन का सदुपयोग ही करें। यदि इसका सदुपयोग नहीं होता तो निश्चय ही दुरुपयोग होता है।
9. धन जिस रास्ते से आता है, उसी रास्ते से चला जाता है। इसलिए इसे कमाने और खर्च करने, दोनों में ही सावधानी बरतें। बच्चों से भी यह अपेक्षा करें कि वे धन के बारे में इन मूल सिद्धांतों को समझें।
10. आर्थिक संपन्नता का बच्चों पर कोई प्रतिकूल प्रभाव न पड़े, इसलिए कबीर के इस आदर्श को हमेशा ध्यान में रखें–

> *साईं इतना दीजिए, जामें कुटुंब समाय,*
> *मैं भी भूखा न रहूं, साधु न भूखा जाय।*

धन सर्वोत्तम सेवक है लेकिन क्रूर स्वामी है।
—अर्थनीति

सद्गुणों के विकास में बाधक-घमंड

> *मनुष्य सृष्टि की श्रेष्ठ रचना है, क्योंकि केवल मनुष्य को ही ईश्वर ने बुद्धि और विवेक की शक्ति प्रदान की है। बुद्धि और विवेक ज्ञान के स्रोत हैं। विद्या प्राप्त करके ही व्यक्ति धर्म-कर्म करने योग्य बनता है, नई-नई सफलताएं प्राप्त करता है, लेकिन जिस प्रकार से एक गंदी मछली सारे तालाब के पानी को गंदा कर देती है, उसी प्रकार से घमंड व्यक्ति के सारे गुणों को प्रभावहीन कर देता है।*

हर अभिभावक की यह इच्छा होती है कि उसके पुत्र-पुत्री सद्गुणी हों, बुद्धिमान, मेधावी, परिश्रमी, चिंतनशील, प्रतिभावान, योग्य और चरित्रवान हों, लेकिन इस सोच के कारण जब बच्चों पर अति लाड़-प्यार व्यक्त होने लगता है, तो उनको मिलने वाली उन सुविधाओं और स्वच्छंदताओं के कारण वे अपने परिचय क्षेत्र में अन्य लड़कों के साथ उच्चता का प्रदर्शन करने लगते हैं। उच्चता का यह व्यवहार उन्हें घमंडी बना देता है।

घमंड के दुष्प्रभाव

घमंड अपने आप में एक रुग्ण सोच है। घमंडी बच्चे अनेक प्रकार के पूर्वाग्रहों से ग्रसित होकर अपने आपको दूसरों से श्रेष्ठ, सुंदर, बुद्धिमान, विशिष्ट तथा उच्च समझने लगते हैं। परिणाम यह होता है कि साथी मित्र ही उनके साथ खेलना, बैठना, बात करना नहीं चाहते और इस प्रकार से उनका जीवन नीरस व एकाकी हो जाता है। उनकी प्रतिभा कुंठित होने लगती है। यही नहीं, घमंड के कारण

उनके साथी मित्र उन्हें नीचा दिखाने की सोचते रहते हैं। वे हमेशा ऐसे अवसरों की तलाश में रहते हैं और कई बार उसमें कामयाब भी हो जाते हैं। इस प्रकार के व्यवहार से बच्चे उग्र स्वभाव के तथा ईर्ष्यालु हो जाते हैं। दूसरों के बारे में उनकी सोच भी रुग्ण हो जाती है। घमंडी लड़के हमेशा तनावग्रस्त रहते हैं। उनके चेहरे पर हंसी-खुशी नहीं ठहर पाती।

घमंड के कारण बच्चा हमेशा डरा-डरा-सा रहता है, क्योंकि उसकी सफलताएं हथियाई हुई होती हैं, साथ ही अपनी इन सफलताओं के छिन जाने का भय उन्हें हमेशा सताता रहता है। यही कारण है कि घमंडी बच्चे अपने ही साथियों के साथ घुल-मिल नहीं पाते। वे समय आने पर उनसे लड़ते-झगड़ते भी रहते हैं।

घमंड आत्मघाती मनोवृत्ति

घमंडी व्यक्ति की सोच बड़ी संकीर्ण होती है। वह हमेशा प्रतिशोधी भावनाओं से ग्रसित रह कर तनावग्रस्त रहता है। इसके बाद भी जब वह साथी मित्रों को अपने से आगे बढ़ता देखता है, तो अपने मन में साथियों के प्रति ईर्ष्या से भर उठता है। उसका इस प्रकार से बुरा सोचना उसके लिए ही बुरा बनकर सामने आता है। उसके व्यक्तित्व में दोष उत्पन्न हो जाते हैं।

आशय यह है कि घमंड सद्गुणों के विकास में सबसे बड़ी बाधा है, एक अव्यावहारिक सोच है, बच्चों के सद्गुणों को नष्ट करने वाला आचरण है। इसलिए बच्चों को इस सोच से बचाने की आवश्यकता है।

समाधान

1. बच्चों से उनका बचपन न छीनें। उन्हें उनके साथियों के साथ पढ़ने-लिखने के अवसर दें। अपने विशिष्ट होने का कोई भाव उनके मन में पैदा न होने दें।
2. बच्चों में किसी भी प्रकार की उच्चता का अहसास न जगाएं। अभिभावक भी अपने पद, प्रभाव अथवा शक्ति का प्रयोग बच्चों में घमंड पैदा करने के लिए न करें।
3. बच्चों को अपनी योग्यता, प्रतिभा, शक्ति, विशिष्टता का आभास होने पर उन्हें इस बात का अहसास कराएं कि यह सब ईश्वर-प्रदत्त है और हमें ईश्वर तथा उस समाज के प्रति कृतज्ञ होना चाहिए, जिसने हमें यह सब प्रदान किया है।

4. दूसरों के प्रति कृतज्ञ होने का कोई भी अवसर हाथ से न जाने दें। उनके प्रति सदैव कृतज्ञ रहें, जो आपके बच्चों की सफलताओं के लिए सहयोगी हैं। बड़ों के प्रति मान-सम्मान प्रकट करें। कमजोरों के प्रति खुले दिल से सहायता के लिए तैयार रहें।

5. बच्चों को हमेशा उनके सामाजिक, पारिवारिक और मानवीय कर्तव्यों से अवगत कराते रहें।
6. बच्चों को इस सच से परिचित कराएं कि घमंडी का सिर हमेशा नीचा होता है। इस संबंध में नीति कथाओं का भी उल्लेख करें।
7. घमंडी लड़कों की किसी सफलता को अन्य योग्य लड़कों की अपेक्षा अधिक न सराहें।
8. हर व्यक्ति का समाज में अपना स्थान तथा महत्व होता है, इसलिए किसी की उपेक्षा न करें। जब बच्चे अपने अन्य साथियों को भी उतना ही महत्व देने लगेंगे, तो घमंड करने का सवाल ही पैदा नहीं होगा।
9. घमंड करने वाले दूसरों से अपेक्षित सहयोग प्राप्त नहीं कर पाते, इसलिए उनकी सफलताएं हमेशा संदिग्ध बनी रहती हैं।
10. घमंडी लड़कों में तर्क, विवेक और बुद्धि का अभाव होता है। इसलिए विद्यार्थी जीवन में सहज, सरल और सामान्य जीवन जीने की सोच पालें। घमंड करके अपने जीवन को नीरस, एकाकी और पंगु न बनाएं।

योग्यता का महत्व उसके बांटने में है। अनुपयोगी सोना भी मिट्टी के समान होता है।
—अज्ञात

गलत संगति से बचाएं

> संगत का गहरा प्रभाव पड़ता है। वह चाहे अच्छी हो अथवा बुरी। अच्छी संगत का अच्छा और बुरी संगत का प्रभाव बुरा पड़ता है। जब हम यह अपेक्षा करते हैं कि उन्हें सत्संगति प्राप्त करनी चाहिए, तो इसका आशय होता है कि उन्हें श्रेष्ठ पुरुषों, अच्छे शिक्षकों, विद्वानों और मित्रों की ही संगत प्राप्त हो, ताकि बच्चों में श्रेष्ठ गुणों का विकास हो सके।

जब हम बच्चों को गलत संगति से बचाने की बात करते हैं, तो इसका सीधा अर्थ होता है कि बच्चों को सत्संगति मिले। सत्संगति प्राप्त व्यक्ति ही समाज में अपने आचरण द्वारा उत्तम चारित्रिक गुणों का प्रचार करता है। ऐसा व्यक्ति अपने और परिवार के बारे में सही निर्णय लेने की क्षमता रखता है। अच्छी और बुरी संगत के परिणामों के बारे में कबीर ने अच्छा संकेत दिया है–

कबिरा संगति साधु की, हरे और की व्याधि।
संगति बुरी असाधु की, आठों पहर उपाधि।

'बिनु सत्संग विवेक न होई।' कहकर तुलसीदास तो ज्ञान के लिए अच्छी संगत को आवश्यक मानते हैं।

श्रेष्ठ पुरुषों के संपर्क में आने वाले बच्चों का आचरण उन्हीं की चारित्रिक विशेषताओं से प्रभावित होता है। रहीम ने इस सत्य को खुले हृदय से स्वीकार किया है।

यो रहीम सुख होत है, उपकारी के संग।
बांटन बारे के लगे ज्यों मेहंदी को रंग।

सत्संग के प्रभाव से अनेक दुश्चरित्र व्यक्ति भी चरित्रवान बन जाते हैं। क्रूर से क्रूर व्यक्ति भी सत्संगति से महापुरुष बन जाते हैं। आशय यह है कि सत्संग पाकर तो लोहा भी सोना हो जाता है। सज्जनों, मित्रों का संपर्क पाकर दुराचारी मनुष्य दुष्कर्म छोड़ देता है। समाज में प्रतिष्ठा पा जाता है। सत्संग के अच्छे प्रभावों के संबंध में अनेक उदाहरण दिए जा सकते हैं। इस विषय में यहां इतना कहना ही पर्याप्त होगा कि यदि अभिभावक बच्चों को सत्संग से नहीं जोड़ सकते, तो इतना अवश्य करें कि उन्हें गलत संगत से बचाएं।

बच्चों में बुरी आदतों की शुरूआत उनकी-मित्र मंडली से ही होती है। धूम्रपान करने वाले मित्र धूम्रपान न करने वालों को बड़ी आत्मीयता के साथ 'एक कश' लेने का अनुरोध करते हैं। आग्रह न स्वीकारने पर मित्रता की दुहाई देते हैं। कसमें खिलाते हैं, और अंत में मैत्री संबंधों के लिए धूम्रपान न करने वाला भी धूम्रपान करने लगता है।

नीच प्रकृति के बच्चों के साथ रहने वाले अच्छे बच्चों में भी नीचता के दोष आ ही जाते हैं। इसलिए अभिभावकों को चाहिए कि अपने बच्चों को अनेक प्रकार के दोषों से बचाने के लिए हमेशा सावधान, चौकन्ने और सतर्क रहें। सच तो यह है कि वे ही बच्चे बिगड़ते हैं, जिनके अभिभावक इस विषय में लापरवाही बरतते हैं। वास्तव में उन्हें इस विषय में यह देखने का समय ही नहीं मिलता कि बच्चे क्या कर रहे हैं? कहां हैं? उनका समय कैसे व्यतीत हो रहा है? इस बात का विशेष तौर पर ध्यान रखें कि बच्चों को उनसे अधिक आयु के तथा असमान सामाजिक और आर्थिक स्तर के लोगों के संपर्क में न आने दें। बच्चों में चरित्र संबंधी अधिकांश दोष इस प्रकार के असमान आयु के मित्रों से ही आते हैं।

समाधान

1. जिस प्रकार बीमार और कमजोर प्रकृति वाले व्यक्ति पर मौसम का प्रभाव शीघ्र होता है, उसी प्रकार जिन लड़कों का मनोबल कमजोर होता है, जिनमें आत्मविश्वास का अभाव होता है, उन पर गलत संगत का प्रभाव शीघ्र पड़ जाता है। इसलिए अपने बच्चों को शारीरिक और मानसिक दृष्टि से इतना मजबूत बना दें कि वे अपना अच्छा-बुरा स्वयं समझ सकें और अनुचित व्यवहार का दृढ़ता के साथ विरोध कर सकें।
2. सही बात कहने का साहस जुटाएं, ताकि बच्चे किसी भी अनुचित बात को न सहन करें, न ही उसका साथ दें। अनुचित का विरोध करने वाले बच्चों पर गलत संगति का कोई प्रभाव नहीं पड़ता।

3. अनुचित व्यवहारों का निडर होकर विरोध करें और अपने इस विरोध में अभिभावकों का भी सहयोग, समर्थन प्राप्त करें।
4. किसी भी व्यक्ति के साथ किसी भ्रम, प्रलोभन अथवा अनुचित लाभ के लिए कोई अप्रिय, असम्मानजनक समझौता न करें। वह चाहे कितना भी बड़ा अथवा प्रभावशाली व्यक्ति क्यों न हो।
5. 'मैं अपने संबंध क्यों बिगाड़ूं?' कहकर किसी अनुचित बात, विचार, व्यवहार का समर्थन न करें। न ही ऐसे लोगों का साथ दें। बिगाड़ के भय से अन्याय का समर्थन न करें। (चोर-चोर मौसेरे भाई) होते हैं। ऐसे चोरों का साथ न दें, जो कभी भी आपसे अनुचित लाभ उठाने की सोच पाले हुए हों।
6. गलत संगत से भले ही क्षणिक लाभ मिल जाए, लेकिन इसके दूरगामी परिणाम, प्रभाव अच्छे नहीं होते। इसलिए ऐसे लाभों को देखकर कभी भी लोभ न करें।
7. बच्चों को समझा दें कि बिना औचित्य जाने, किसी की बातों पर विश्वास न करें, क्योंकि स्कूल अथवा कॉलेजों में ऐसे लोगों की कमी नहीं होती, जो अपने स्वार्थों की पूर्ति के लिए लोगों को पहले चुग्गा डालते हैं, फिर उनकी कमजोरियों से लाभ उठाते हैं।
8. अच्छे लक्ष्य की प्राप्ति के लिए अच्छे और पवित्र साधनों का ही उपयोग करें। अनुचित साधनों से अच्छे लक्ष्य की प्राप्ति नहीं हो सकती।
9. जीवनादर्शों को समझें, जानें और उनके अनुकूल ही सोचें। बच्चों में इस भाव को भर दें कि अच्छे कार्यों में बाधाएं और कष्ट तो आते ही हैं। कष्ट के भय से कोई अच्छे कार्य करना नहीं छोड़ देता।
10. हमारी सारी सफलताओं, उपलब्धियों का आधार संगत का प्रभाव है, इसलिए सत्संग द्वारा अपने जीवन को सफल बनाने में पीछे न रहें।

मनुष्य की मानसिक शक्ति उसकी इच्छाशक्ति पर निर्भर होती है। इच्छाशक्ति सत्संग से बढ़ती है।

—वीरेन्द्रकुमार जैन

छोटे मार्ग से सफलताएं प्राप्त न करें

जिस प्रकार अनैतिक तरीके से कमाया गया धन सुख और समृद्धि का आधार नहीं बन सकता, उसी प्रकार छोटे रास्ते (शॉर्ट कट) या पिछले दरवाजे (बैक डोर) से प्राप्त की गई। सफलताएं मानसिक संतुष्टि नहीं दे सकतीं। देर से आना और आगे की कुर्सियों को हथियाना सफलता न होकर चोरी और सीनाजोरी होती है। साथ ही, बच्चों में यह सोच विकसित करें कि छोटे रास्ते से सफलताएं प्राप्त करना मृगतृष्णा से अधिक कुछ नहीं। जब इस सत्य को बच्चे पूरी ईमानदारी से स्वीकारेंगे, तो उनके बिगड़ने के सारे अवसर समाप्त हो जाएंगे।

बात चाहे स्कूल-कॉलेज में दाखिले की हो या नौकरी प्राप्त करने की, सरकारी सुविधाएं प्राप्त करने की हो या व्यापारिक लाभ लेने की, हर व्यक्ति की सोच यही रहती है कि उसका काम दूसरे आदमी की अपेक्षा शीघ्र, अच्छा और सस्ते में हो जाए। इस सोच ने ही व्यक्ति को इतना अधिक ईर्ष्यालु, मानसिक रूप से संकीर्ण और खुदगर्ज बना दिया है कि वह एक-दूसरे का प्रतिद्वंद्वी बन कर रह गया है।

प्रतिद्वंदिता की यह सोच आजकल प्रगतिशीलता और विकास की सीढ़ी मानी जाती है, लेकिन इस सोच ने व्यक्ति में ईर्ष्या को ही बढ़ावा दिया है। आज की युवा पीढ़ी में यह एक आदत के रूप में पनप रही है। आगे दौड़ने वाले से भी आगे निकलने के लिए युवा पीढ़ी अपनी योग्यता और क्षमता को बढ़ाने की अपेक्षा आगे दौड़ने वाले व्यक्ति की टांग खींचकर आगे बढ़ना चाहती है। यह भी एक कड़वी सच्चाई है कि कुछ लोग इस तरीके से आगे बढ़ जाते हैं। उन्हें

पदक तालिकाओं में स्थान भी मिल जाता है। पदोन्नतियां भी मिल जाती हैं, जब कि वास्तविक रूप से योग्य, अनुभवी और सुपात्र व्यक्ति हाथ मलते रह जाते हैं। इसलिए नैतिकता की शिक्षा देना आजकल ही अधिक मुश्किल हो गया है।

आज अभिभावक बच्चों से यह अपेक्षाएं तो रखते हैं कि उनके बच्चे चरित्रवान, प्रगतिशील सोच वाले, हर क्षेत्र में ए-वन, स्मार्ट और कमाने वाले हों, लेकिन जब इन बच्चों का पाला अपने आसपास के समाज से पड़ता है, जिसमें घूसखोरी, भ्रष्टाचार, अश्लीलता, अंग प्रदर्शन, चोरी, झूठ, दिखावे, ग्लैमर और चकाचौंध का ही बोलबाला है, तो उनकी कल्पनाओं के सारे आदर्श और सिद्धांत चकनाचूर होने लगते हैं। ये 'पंप एंड शो' की इस जिंदगी को ही जीवन का सच समझने लगता है, क्योंकि वे छोटे मार्ग से इतनी अधिक सफलताएं प्राप्त कर लेता है कि उसे हथियाई गई ये सफलताएं अपराध न लगकर आधुनिक जीवन शैली की सफलताएं लगने लगती हैं। चोरी, झूठ, धोखाधड़ी और विश्वासघाती व्यवहारों से प्राप्त की गई अपनी इन उपलब्धियों को वह कला मानते हैं और 'सब चलता है' कह कर इनमें प्रवीण होना चाहते हैं।

अभिभावकों को चाहिए कि वे इस सच को बच्चों को भली प्रकार समझा दें कि वे जीवन की इस ग्लैमर भरी चकाचौंध से प्रभावित न हों और न ही इस प्रकार की जिंदगी को लालायित नजरों से देखें, क्योंकि इस प्रकार की सोच का अंत अच्छा नहीं होता। गलत ढंग से सफलताएं प्राप्त कर अथवा पिछले दरवाजे से जो लोग कहीं भी प्रवेश कर जाते हैं, जब उनका वास्तविकताओं से पाला पड़ता है, तो काफी नीचा देखना पड़ता है। दूसरे भी इस सच को समझ जाते हैं कि वे कितने पानी में हैं, और फिर ये लोग अपनी हीनताओं के कारण सब से मुंह छिपाते फिरते हैं। अपनी हीनता को छिपाने के लिए अनुचित समझौते भी करते फिरते हैं। ऐसे बच्चे सामाजिक जीवन में वैसी मान-प्रतिष्ठा प्राप्त नहीं कर पाते, जो उन्हें मिलनी चाहिए।

पीछे के दरवाजे से प्रशासनिक पदों को प्राप्त करने वाले ऐसे लड़कों को जब प्रशासनिक दायित्वों का निर्वाह करना पड़ता है, तो इन्हें पसीना आने लगता है। निर्णय लेने की क्षमता उनमें होती नहीं, योग्यता एवं अनुभवों का नितांत अभाव होता है।

ऐसे लोगों से सामाजिक न्याय की आशा करना बेमानी है, क्योंकि ये स्वयं नहीं जानते कि सामाजिक न्याय क्या होता है? ऐसे लोग शासन और सत्ता का सुख भोगते हैं और समय व्यतीत करते हैं या फिर दोनों हाथों से पैसा बटोरने के लिए तरह-तरह के घोटाले करते हैं, क्योंकि छोटे मार्ग से प्राप्त की गई सफलताएं

व्यक्ति को स्वयं चोर, भीरु और कायर बनाती हैं। ऐसे चरित्रहीन व्यक्ति अपनी इस सोच के कारण स्वयं तनावग्रस्त रहते हैं अपने वर्तमान और भविष्य को अंधकारमय बना लेते हैं।

इस सत्य को स्वीकारें कि जिस प्रकार से हीरे की चमक विपरीत परिस्थितियों में भी कम नहीं होती, ठीक उसी प्रकार योग्यता, प्रतिभा और क्षमता कभी नहीं छिपती और न ही उसकी कहीं उपेक्षा होती है। इसलिए स्कूल-कॉलेज से निकले लड़कों को चाहिए कि वे अपने दायित्वों का निर्वाह बड़े सलीके से करें। अपने कार्य क्षेत्र की अपेक्षाओं को जानें, समझें और उसके बाद ही उसके अनुरूप अपनी मानसिक सोच बनाएं। केवल लाइट में आने के लिए किसी प्रकार के 'शार्ट कट' न अपनाएं। अपने मन में इस प्रकार का विचार कभी न लाएं कि 'सब चलता है क्या फर्क पड़ता है।' यदि सोचा-समझा जाए, तो फर्क पड़ता है। कल्पना कीजिए उस फ्यूज की, जिस पर सारा सर्किट चलता है और इतने बड़े कारखाने का संचालन होता है। वास्तव में आपके कार्य-व्यवहार, शैली और सलीके पर सबकी नजर होती है। लोग आपके अच्छे-बुरे आचरण से प्रभावित होते हैं। भले ही वे प्रत्यक्ष में आप से कुछ न कहें, लेकिन प्रभाव तो पड़ता ही है। आपके अच्छे अथवा बुरे आचरण का प्रतिफल तो आपको मिलता ही है।

आपकी सफलता का खुला आकाश-व्यापक दृष्टिकोण

छोटे मार्ग से प्राप्त सफलताएं जहां हमें उपेक्षित, अपमानित कर नीचा दिखाती हैं, वहीं साधनों की पवित्रता, मेहनत और आत्मविश्वास से अर्जित की गई सफलताएं हमें उत्तरोत्तर प्रगति का खुला आकाश प्रदान करती हैं, प्रगति के नए मानदंड स्थापित करती हैं, क्योंकि योग्यता कभी छिपती नहीं, सिर चढ़ कर बोलती है। यह भी ध्यान रखें कि यदि आप वास्तव में किसी पद के योग्य हैं और जान बूझ कर आपके साथ अन्याय हो रहा है, आपकी उपेक्षा की जा रही है, तो ऐसे व्यवहार का डट कर विरोध भी करें। अपने अधिकारों की प्राप्ति के लिए संघर्ष करें। अपनी बात को अधिकारियों तक ले जाएं। दूसरों की सहानुभूति प्राप्त करने के लिए अपनी हीनता का रोना, लेकर बैठना कायरता है। अतः न किसी के साथ अनुचित व्यवहार करें और न किसी का अनुचित व्यवहार सहें।

सम्मानजनक जीवन के लिए ध्यान रखें

1. अपनी योग्यता से अधिक किसी से कुछ अपेक्षा न करें।
2. सौंपे हुए काम को पूरे मनोयोग, आत्मविश्वास के साथ करें।

3. प्रलोभनों की चमक से प्रभावित न हों। वास्तव में इस प्रकार के चुग्गे आपको फंसाने के लिए डाले जाते हैं, इनसे बचें।

4. दूसरों की योग्यता, विद्वता और प्रभाव को मान्यता दें। उससे कुछ सीखने की मानसिकता बनाएं और उसके इस उपकार को मन-ही-मन स्वीकारें।
5. अपनी हीनता प्रदर्शित कर किसी प्रकार की सहानुभूति प्राप्त करने की कोशिश न करें।
6. अपना पूरा समय संस्थान के कामों में दें। यदि कभी कोई अध्यापक-प्राध्यापक, बॉस आप पर विशेष कृपा करता है, तो उसकी इस कृपा के सच को अच्छी तरह जानें।
7. साधनों की पवित्रता को समझें। तस्करी से पैसा कमाकर उससे कथा कराने का पुण्य प्राप्त करने की मानसिकता से बचें।
8. अपना पहनावा, आचरण और व्यवहार हमेशा शालीन रखें।
9. न किसी के साथ अनुचित व्यवहार करें, न अनुचित व्यवहार सहें।
10. अपने अति विशिष्ट होने का भ्रम न पालें।

नैतिकता एक ऐसा आचरण है, जिसकी चमक कभी क्षीण नहीं होती, उस पर किसी भी बाहरी प्रेरक का प्रभाव नहीं पड़ता। इस पर कभी ज़ंग नहीं लगता।

—अज्ञात

बिगड़े बच्चों के सुधार संबंधी 51 टिप्स

बच्चों के संबंध में मनोविश्लेषक, विचारक, समाजशास्त्री, शिक्षाविद् तथा कैरियर कौंसलर, सभी का यही मत है कि बच्चों में सामंजस्य स्थापित करने की बड़ी ललक होती है। वे परिवार में भी अपनी छवि बिगड़े बच्चे के रूप में नहीं, बल्कि परिवार के लोगों की आंखों के तारे के रूप में बनाना चाहते हैं। 'कुछ करके', 'कुछ बनके' दिखाना चाहते हैं। अतः इस विषय में आप अपने बच्चों की भावनाओं को समझें। उन्हें चरित्रवान, प्रतिभाशाली और सफल नागरिक बनाने के लिए निम्नांकित तथ्यों को अवश्य अपनाएं–

1.
बच्चों के व्यक्तित्व और प्रतिभा विकास में उसकी मित्र-मंडली का बड़ा योगदान होता है। सच तो यह है कि उसमें बिगड़ने-सुधरने के सारे संस्कार मित्र-मंडली से प्रभावित होते हैं। मित्र-मंडली का स्नेह, सहयोग और सद्व्यवहार पाकर वह स्कूल-कॉलेज और मोहल्ले-पड़ोस में विभिन्न क्रियाकलापों में संलग्न रहता है। खेल के मैदान में खेलता है। उम्र के साथ अनेक प्रकार की समस्याएं आती हैं, जिन्हें वह अपनी इस मित्र-मंडली या समूह में रहकर झेलता है, इनके समाधान निकालता है। कुछ कर दिखाने की चाह और मानसिक दबावों के मध्य रहकर वह अपनी इन समस्याओं पर विजय प्राप्त करता है। मित्र-मंडली के अभाव में वह अपने आपको अकेला-सा अनुभव करता है, क्योंकि वह अपने दिल की बातें केवल मित्रों से ही कह पाता है।

इसलिए अभिभावक बच्चों के व्यक्तित्व और मन को समझें, उसे अपनी मित्र-मंडली में रहने के पर्याप्त अवसर दें। हां, यह ध्यान रखना अभिभावकों का

कार्य है कि आपके बच्चे के मित्र उस पर क्या प्रभाव डाल रहे हैं? क्योंकि कभी-कभी बच्चों के ये तथाकथित मित्र अनुचित दबाव डालकर बच्चे को गलत कार्यों की ओर मोड़ देते हैं। इस स्थिति से बचाने के लिए बच्चों में इतना नैतिक साहस पैदा करें कि वे अपने ऐसे-वैसे मित्रों का विरोध करना भी सीखें।

बच्चे अपने आपको अपने इस समूह में संपन्न प्रदर्शित करना चाहते हैं और संपन्नता के इस प्रदर्शन के लिए वे कुछ भी करने को तैयार हो जाते हैं। अतः अभिभावक अपने बच्चों की इस चाह पर तो नजर रखें, लेकिन बिगाड़ के कारकों को भी अनदेखा न करें।

2.

बच्चों के प्रत्येक व्यवहार को अपने बचपन को याद करके परखें। वह दिन याद करें, जब आप अपनी किशोरावस्था में अभिभावकों से 'कुछ' छिपा कर अपने सपने बुनते थे। अभिभावकों का कठोर अनुशासन, हर बात में टोका-टाकी आप को कितना परेशान करती थी। कभी-कभी तो आपके विद्रोही तेवर और भावनाएं आपको इतना विचलित कर देती थीं कि आपकी आंखें नम हो जाया करती थीं। आज आप भी यह अनुभव करते हैं कि आपके अभिभावक ठीक कहते थे। बड़ी मुश्किल तो यह है कि जिस समय आदमी यह अनुभव करता है कि पिता जी की सोच ठीक थी, तब तक उसका बेटा उसे गलत ठहराने के योग्य हो चुका होता है। इसलिए इस समय आप ज्यादा किसी झमेले में न पड़ते हुए केवल अपने समय को याद करें और अपने बच्चों को उस सीमा तक पूरी-पूरी स्वतंत्रता दें, जहां तक डोर आपके हाथ में रह सके। अधिक छूट दे देने में पतंग के कट जाने की आशंका बनी रहती है और ऐसी कटी पतंगें धरती की धूल चाटती हुई नजर आती हैं।

3.

कभी कभी आप बच्चों के जितना पास रहना चाहते हैं, बच्चे उतने ही आपसे दूरी बनाए रखते हैं। इसका यह मतलब नहीं कि बच्चे आपसे प्यार नहीं करते या आपसे सचमुच दूर रहना चाहते हैं। इस विषय में सच यह है कि वे अपनी जीवन शैली में अपने तरीके से बदलाव लाना चाहते हैं। इस बदलाव में उनकी आत्म निर्भरता की चाह रंग लाती है। होस्टल में रहने वाले बच्चे अपेक्षाकृत अधिक अनुशासित होते हैं। वे जब भी घर में आ कर रहते हैं, उनके कार्य व्यवहार में स्पष्ट अंतर दिखाई देने लगता है और वे हर काम को सलीके से करना चाहते

हैं। घर के बाहर नौकरी कर रहे बच्चे अथवा परिवार से दूर रह रहे पति-पत्नी को जब भी परिवार के साथ रहने का अवसर मिलता है, वे बड़े मान-प्रतिष्ठा के साथ परिवार में रहते हैं। आत्मनिर्भरता का यह अनोखा प्रयास उन्हें घर की जिम्मेदारियों से जोड़ता है और वे इन जिम्मेदारियों को अपने तरीके से पूरा कर आत्मगौरव अनुभव करते हैं। मानसिक संतुष्टि का यह अहसास उनमें आत्मविश्वास पैदा करता है। इसलिए अभिभावक बच्चों की आत्मनिर्भरता की इस चाह को हर स्तर पर पूरा करें। उनकी कल्पनाओं में अपने सहयोग और विश्वास के साथ उनकी अपेक्षाओं के अनुरूप रंग भरें। युवावस्था की ओर बढ़ते लड़के-लड़कियों को अपनी गलतियों से खुद ही कुछ सीखने और सुधरने के पर्याप्त अवसर प्रदान करें।

4.

अपने बच्चों की दूसरे बच्चों से तुलना कर उनकी कमियों, कमजोरियों, हीनताओं, असफलताओं का मजाक न उड़ाएं। सब बच्चों की सोच, प्रतिभा, योग्यता, रुचि-रुझान एक से नहीं होते, फिर अपने बच्चों की दूसरों से तुलना कर उन्हें तनावग्रस्त बनाने के प्रयास क्यों करते हैं? आपके ये प्रयास उनमें रचनात्मक सुधार तो कुछ कर नहीं पाते, हां, उनमें प्रतिशोध की भावनाएं, हिंसक विचार अवश्य पनपने लगते हैं। इस प्रकार की हीन भावनाएं उन्हें इस स्तर तक कमजोर और डरपोक बना देती हैं कि वह दब्बू बन एकाकी जीवन जीने लगता है। यहां तक कि वह असफलता के भय से कांपने लगता है और किसी भी काम को करने के लिए तैयार नहीं होता। अंत में उसकी प्रवृत्ति चोरी से कार्य करने की बन जाती है।

5.

बेतरतीब ढंग से बढ़े हुए पौधों को माली काट-छांट कर सजाता-संवारता है। उन्हें संतुलित बनाता है। बढ़े हुए बालों को भी विन्यास कर सजाया-संवारा जाता है। रास्ते से भटके हुए बच्चों को भी फिर से संभालने के लिए उन्हें थोड़ी सी प्रताड़ना, रोक-टोक बहुत आवश्यक होती है। इस विषय में यह कहकर उनसे पल्ला झाड़ लेना उचित नहीं कि 'अपना भला-बुरा खुद समझो, क्योंकि इस प्रकार की उपेक्षा उनके लिए बड़ी खतरनाक सिद्ध होगी। बच्चों की अनुचित, भ्रामक और गलत सोच पर रोक-टोक अवश्य लगाएं।

6.

नैतिकता, संबंधों और साधनों की पवित्रता का सामाजिक और पारिवारिक जीवन में अपना महत्व है। अतः इस महत्व को किसी भी स्तर पर कम न आंकें। जब सामाजिक वर्जनाओं और नैतिक मूल्यों की अनदेखी की जाती है, तो अवैध संबंधों की स्थापना हो जाती है। ऐसे संबंध चाहे विवाह पूर्व के हों अथवा विवाह के बाद के अनैतिक संबंधों में वहीं फसते हैं, जो सामाजिक वर्जनाओं का ख्याल नहीं रखते। ऐसे बच्चों का भविष्य तो असुरक्षित होता ही है, उनमें मानसिक हीनता भी इतनी अधिक बढ़ जाती है कि उनके सामने आत्महत्या के सिवाय और कोई विकल्प नहीं बचता। इसलिए इस विषय में बच्चों की सोच इतनी पारदर्शी बनाएं कि वे मानसिक रूप से कहीं भी अपने आपको कमजोर, हीन और अनैतिक अनुभव न करें।

7.

मनोवैज्ञानिकों का कथन है कि बच्चे सबसे अधिक प्रसन्नता का अनुभव अपने परिवार में ही करते हैं। विभिन्न पर्वों पर जब पूरा परिवार आ कर एक साथ मिल बैठता है, तो बच्चों की स्नेहिल भावनाओं को पंख लग जाते हैं। इसलिए अपने बच्चों को परिवार से जोड़ कर रखें। इस जुड़ाव को अधिक मजबूती प्रदान करने के लिए एक-दूसरे से सहयोग करें। समर्पित भाव से जुड़ें। अपने-अपने स्तर पर एक-दूसरे को उपहार दें। विश्वास प्राप्त करें।

8.

पति-पत्नी के तनावों का प्रभाव बच्चों की मानसिकता पर अच्छा नहीं पड़ता। वह दिन भर घर से दूर रह कर अपना समय पास करना चाहता है। इसलिए आप यह कभी भी अनुभव न करें कि बच्चा अभी बच्चा ही है। वह यह सब क्या जाने? मनोवैज्ञानिक फ्रायड के अनुसार 'वह सब समझता है।' स्नेह, ममता, आत्मीयता, घृणा, क्रोध सबका बच्चे के मन पर प्रभाव पड़ता है। ये सब भाव ही उसकी मानसिकता को अच्छा अथवा बुरा बनाते हैं। परिवार का स्नेहिल वातावरण बच्चों को चोरी करने के लिए मना करता है, जब कि तनावग्रस्त वातावरण सब कुछ करने के लिए प्रेरित करता है। यहां तक कि वह ऐसे वातावरण से भाग जाना चाहता है। तनावपूर्ण वातावरण के कारण ही बच्चे प्रायः घर से भागते हैं।

9.

बच्चे अपने माता-पिता में अपनी कल्पनाओं की एक श्रेष्ठ छवि देखते हैं। इस छवि को ही वे दूसरों के सामने गर्व के साथ प्रस्तुत करना चाहते हैं। सलोनी का यह कथन कि 'मम्मी, तुम अच्छी साड़ी पहन कर हमारे स्कूल आना,' इस बात को प्रदर्शित करता है कि बच्चों के मन में अपने अभिभावकों को श्रेष्ठ प्रदर्शित करने की इच्छा होती है। आप उनकी इस कल्पना को कहीं भी बौना न होने दें। बच्चे आपकी छवि पर गर्व करते हैं। आपकी बात का प्रभाव होना चाहिए, जिससे आपके बच्चे तो प्रभावित हों ही, साथ ही उनकी मित्र-मंडली पर भी इसका सकारात्मक प्रभाव पड़े।

10.

अधिकांश संपन्न परिवारों में बच्चों के साथ अति लाड़-प्यार का प्रदर्शन कर उसकी हर इच्छा, फरमाइश, जिद पूरी की जाती है। इसके परिणाम अच्छे नहीं निकलते। बच्चों के सामने अभावों को भी आने दें, ताकि वे अभावों में रहना सीखें। बच्चों से अपने पक्ष के समर्थन के लिए ज़िद छोड़ने की बात भी कहें। बच्चे जब अपनी ज़िद छोड़ते हैं तो वे परिवार से जुड़ते हैं। बच्चों को प्रलोभन देकर अपनी इच्छाओं की पूर्ति न कराएं। प्रलोभन पाकर बच्चों की इच्छाएं बढ़ती हैं और इस प्रकार की बढ़ी हुई इच्छाएं उन्हें अनुचित समझौतों के लिए मानसिक रूप से तैयार करने में सहायक बनती हैं। इससे बच्चों में स्वार्थ आ जाता है और उनकी सोच विकृत होने लगती है।

11.

अकसर माताएं 'मां' होने की दुहाई देकर अपनी कमजोरियों का प्रदर्शन कर बच्चों की अनुचित इच्छाओं के सामने समर्पण कर देती हैं। इस प्रकार का समर्पण बच्चों को घमंडी, सनकी और क्रूर बनाता है। इसलिए मां के डांटने पर पिता को अथवा पिता के डांटने पर मां को बच्चे का पक्ष नहीं लेना चाहिए। इस प्रकार का व्यवहार और पक्षपात बच्चे की भावनाओं को हिंसक बनाता है और वे मां-बाप की परवाह न करते हुए उन्हें अपना प्रतिद्वंद्वी समझने लगते हैं। मां-बाप के प्रति बढ़ता अविश्वास उन्हें उन सीमाओं तक बिगाड़ देता है, जहां अभिभावक ही बेटे को कोसने लगते हैं।

12.

यह बात सिद्ध हो चुकी है कि बच्चों को मार-पीट कर प्रताड़ित अथवा अपमानित कर सीधे रास्ते पर नहीं लाया जा सकता। इसलिए उनकी किसी गलती, बुरी आदत अथवा व्यवहार के लिए उन्हें मार-पीट कर ठीक न करें। बच्चों की किसी भी खराब अथवा गंदी आदत, बात, रहस्य, बुराई का पता चल जाने पर उन्हें रंगे हाथों पकड़ने और अपमानित करने के स्थान पर अपनी ओर से सहनशीलता, मानसिक उदारता का परिचय दें। आपकी यह सहनशीलता ही बच्चों को सुधरने के अवसर और सोच प्रदान करेगी। ऐसे सुधरे बच्चे खरे सोने के समान होंगे, क्योंकि वे संघर्षों के बाद स्वयं सुधरे हैं।

13.

वैचारिक मतभेदों अथवा अन्य कई कारणों से अधिकांश घरों में कभी-कभी युवाओं और अभिभावकों में बोल-चाल बंद हो जाती है। यदि कभी आपस में बोलते भी हैं, तो तलवार की धार की तरह बोलते हैं। इस प्रकार की मानसिक सोच से ऊपर उठें। लड़के चाहे कितने ही बड़े क्यों न हो जाएं, मां-बाप के लिए लड़के ही बने रहते हैं और संवादहीनता की स्थिति दोनों में गलतफहमियां, पूर्वाग्रही सोच बढ़ाती है। मनमुटाव बढ़ता है। इसलिए संवादहीनता की स्थिति कभी भी निर्मित न होने दें। ठहरा हुआ पानी भी सड़ांध देने लगता है, फिर संवादहीनता तो परस्पर विश्वास को घटाती है। गलतफहमियों को बढ़ाती है। इसे किसी भी समस्या का समाधान न मानें। हमेशा बच्चों से उसकी प्रगति की जानकारी लेते रहें। इससे आपसी विश्वास बढ़ेगा और समस्याएं कम होंगी।

इस क्रम में बच्चों को चाहिए कि यदि वे अभिभावकों से अधिक सहयोग लेना चाहते हैं, तो अपनी सभी सफलताओं, उपलब्धियों, और प्रगति का श्रेय अभिभावकों को दें। 'मां का आशीर्वाद', 'पिता का स्नेह' कह कर हमेशा उनके प्रति कृतज्ञता ज्ञापित करें। इससे जहां बच्चों को सफलता के नए मुकाम मिलेंगे, वहीं उन्हें दूसरों की शुभकामनाएं भी प्राप्त होंगी।

14.

बच्चे बड़े महत्वाकांक्षी होते हैं, लेकिन वे यह भूल जाते हैं कि छोटी-छोटी सफलताओं और खुशियों का भी अपना महत्व होता है। इसलिए बड़ी खुशियों के फेर में छोटी खुशियों, छोटी सफलताओं को नजरअंदाज न करें। जब छोटी-छोटी सफलताएं

हासिल होने लगती हैं, तभी बड़ी सफलता प्राप्त होती है। इसलिए जो सुलभ है, उसे अवश्य प्राप्त करें। जो सुलभ नहीं है, उसके अभावों का रोना रोते रहने से वैसे भी कल के तेरह से आज के नौ अच्छे होते हैं।

15.

अच्छे मां-बाप के बच्चे अच्छे होते हैं, इस आदर्श को स्वीकार करते हुए आप स्वयं अच्छे बनें। बच्चे तो आपका अनुसरण कर स्वयं अच्छे बनेंगे। आपकी कथनी और करनी का साम्य बच्चों को कभी भी बिगड़ने नहीं देगा, इस विषय में एक मत है कि पहले मां-बाप बिगड़ते हैं, फिर बच्चे बिगड़ते हैं।

16.

स्टेटस सिंबल को प्रदर्शित करने वाली पार्टियों का आयोजन आज के प्रगतिशील जीवन का एक हिस्सा है। अकसर देर रात तक चलने वाली इन पार्टियों में स्वच्छंदता के कुछ ऐसे भोंडे प्रदर्शन होने लगे हैं, जिनका प्रभाव बच्चों की मानसिकता पर अच्छा नहीं पड़ता। अनैतिक आचरणों को प्रोत्साहन देने वाली ये पार्टियां बच्चों को बिगाड़ने की उस सीमा तक ले जाती हैं, जहां से वापसी कठिन हो जाती है।

17.

आर्थिक संपन्नता बच्चों की मानसिकता को विकृत करती है। इसलिए अभिभावक बच्चों को केवल उतनी ही आर्थिक स्वतंत्रता प्रदान करें, जितनी कि उनके कैरियर बनाने के लिए आवश्यक हो। बच्चों में बचत की आदत डालें। वे अपनी आर्थिक संपन्नता, प्रभाव अथवा शक्ति का उपयोग अनुचित साधनों पर न करें। अपने से कमजोरों के प्रति सहिष्णुता का व्यवहार ही बच्चों की सोच को अच्छा बनाता है।

18.

बच्चों की भावनाओं, विचारों और व्यवहारों को प्रतिशोधी होने से बचाएं। इस प्रकार के विचारों का कहीं कोई अंत नहीं होता और ऐसी सोच व्यक्ति की प्रगति में सदैव बाधक बनी रहती है, क्योंकि उसका अधिकांश समय दूसरों के प्रति अनिष्ट की कल्पनाओं में व्यतीत होता है। वह स्वयं अपने बारे में कुछ भी नहीं सोच पाता। अतः अभिभावकों को चाहिए कि न तो वे स्वयं और न अपने बच्चों के मन में इस प्रकार की भावनाओं को पनपने दें।

19.

बच्चों के प्रति जब अभिभावक अपने दायित्वों का निर्वाह करते हैं, तो निर्वाह की यह भावना ही बच्चों में संस्कार के रूप में पैदा होती है। अतः परिवार के बच्चों में यह भावना कूट-कूट कर भर दें कि उनके परिवार और परिवार के सदस्यों के प्रति कुछ नैतिक दायित्व हैं, इन दायित्वों का निर्वाह करके ही वे पूर्ण आत्मिक और मानसिक संतुष्टि का अहसास कर सकते हैं। परिवार के सदस्य चाहे मां हो अथवा बहन, छोटा भाई हो अथवा भाभी जब तक उन्हें अपने पारिवारिक दायित्वों का अहसास रहेगा, वे पारिवारिक, अपेक्षाओं के अनुरूप बने रहेंगे।

20.

सामाजिक और पारिवारिक जीवन में आपका स्तर चाहे जो भी हो, हमेशा यह जानने का प्रयास करें कि आपकी अंतरआत्मा आप से क्या कह रही है? आपको यह जान कर आश्चर्य होगा कि आपने जब भी अपने आप को टटोल कर देखा होगा, आपको अपने मन की आवाज सुनाई दी होगी और वह आवाज कभी भी गलत नहीं होगी। अतः आप अपने सभी निर्णय इस अंतरमन की आवाज के अनुसार ही करें। ये निर्णय आपको कभी भी सामाजिक अथवा पारिवारिक आलोचना का केंद्र नहीं बनने देंगे।

21.

आप चाहे अभिभावक हों अथवा बच्चे, इस बात का ध्यान रखें कि आप सिर्फ अपने आप को बदल सकते हैं, दूसरों को बदलने, झुकाने, सहमत कराने के लिए केवल स्नेह भरा अनुरोध और आग्रह ही करें। किसी भी प्रकार का दुराग्रह अपने मन में न पालें। दूसरों को सहमत न कर पाने के कारण दुःखी होने के स्थान पर यह सोचें कि यह तो उसकी आदत है। इस विषय में आप भी उस साधु की सीख अपनाएं, जो डूबते हुए बिच्छू को बार-बार बचाता था और बिच्छू हर बार उसे डंक मार देता था। तभी एक सज्जन ने कहा, ''जब यह नहीं बचना चाहता, तो तुम इसे क्यों बचाना चाहते हो?'' साधु बोला, ''जब यह अपने धर्म को नहीं छोड़ रहा (काटना इसका धर्म है), तो फिर मैं अपने धर्म से पीछे क्यों रहूं?'' बच्चों को सुधारने के संबंध में कुछ ऐसी ही सोच अपनाएं।

22.

अपनी और अपने परिवार की जीवन शैली (लाइफ स्टाइल) को सहज, सरल, सामान्य और शांत बनाएं। हाई-फाई बनने की सोच आपके जीवन को समस्याग्रस्त बनाएगी और आप न चाहते हुए भी कई प्रकार की निराशाओं, परेशानियों, अवसादों से घिर जाएंगे। इसका सबसे अधिक प्रभाव बच्चों पर ही पड़ेगा।

23.

आप चाहे जिस आर्थिक क्रिया में व्यस्त हों, एक निर्धारित समय सीमा के बाद अपने काम को खत्म कर अथवा समेट कर बचे हुए काम को व्यवस्थित कर जल्दी घर आने की सोचें। परिवार से जुड़ें। अच्छा हो शाम का समय परिवार के सदस्यों के साथ घर, पार्क अथवा घूमने में बिताएं।

24.

अपने बाहरी तनावों को घर के लोगों पर व्यक्त न करें, बल्कि खुले आकाश के नीचे, कुर्सी अथवा जमीन पर बैठ कर चटाई बिछा कर, शरीर ढीला कर, आंखें बंद कर कुछ देर तक लेटे रहें। इससे, आप तनावों से मुक्त होंगे और परिवार से जुड़ सकेंगे।

25.

लड़कों में विश्वास जाग्रत करें, इससे वे अपनी समस्याओं से अकेले नहीं जूझेंगे। अपनी समस्याओं पर अपने किसी नजदीकी रिश्तेदार, मित्र अथवा शुभचिंतक से विचार-विमर्श कर समाधान निकालें। उनकी सलाह लें, उनके 'मोरल स्पोर्ट' को सहर्ष होकर स्वीकारें।

26.

बच्चों से संबंधित या परिवार के किसी अन्य प्रिय जन से संबंधित या स्वयं अपने बारे में अच्छी या बुरी खबर पाकर विचलित अथवा उत्तेजित न हों। ऐसी किसी भी बात को सुनकर स्थिर और शान्त मन से सोचें। आगे की योजना बनाएं। आपको कौन कितना और क्या सहयोग दे सकता है, उस पर सोचें, तब कोई कदम उठाएं। हम आपको बता दें कि यदि जीवन में मुश्किलें हैं, कठिनाइयां और दुःख हैं, तो सुख भी कम नहीं। समाधान भी अनेक हैं। राहें भी सरल हैं।

27.

अपने काम, अपनी समस्याएं, अपनी परेशानियों को कल पर न छोड़ें, क्योंकि कल पर टाली गईं परेशानियां आपको आज भी कुछ नहीं करने देंगी। कार्य अथवा समस्याओं के कारण मन में उपजी हुई दुश्चिंताएं आपका आज भी खराब करेंगी और कल के बारे में सोच-सोचकर आपकी निराशाएं ही बढ़ाएं।

28.

बच्चों के भविष्य को लेकर अपने मन के कैनवास पर भविष्य के डरावने चित्र न बनाएं। जीवन का हर क्षण अच्छा और बुरा होता है। यदि विषम परिस्थितियों के कारण बच्चे में कुछ बिगाड़ आ गया है, तो आपका सहयोग उसे इस बिगाड़ से मुक्त भी करा सकता है। इस विषय में आपकी सोच सदैव सकारात्मक होनी चाहिए, ताकि बच्चा उसके अनुसार चल सके।

29.

अपने बच्चों की सोच स्मार्ट, गुड लुकिंग और लेटेस्ट होने दें। अपने इस दावे को प्रमाणित करने के लिए बच्चों को सहयोग दें। इसे असामान्य व्यवहार न समझें, न ही मानें।

30.

बच्चों के संबंध में अनजाने भय मन और मस्तिष्क में न आने दें। मौत की चिंता में अपनी वर्तमान खुशियों से मुंह मोड़ना मूर्खतापूर्ण सोच है। इतनी समझ बच्चों में भी पैदा करें।

31.

पूर्वाग्रही सोच के कारण मन में दुश्चिंताएं कभी-कभी बच्चों को इतना अधिक प्रभावित करती हैं कि वे भय के कारण मनोरोगी हो जाते हैं। इकलौते बच्चे के प्रति प्रदर्शित किया गया अभिभावकों का बेजा लाड़-प्यार बच्चों को डरपोक, भीरु और दब्बू बना देता है। वे काल्पनिक भय के आदी हो जाते हैं इससे बचाएं। उन्हें निडर, साहसी और आत्मविश्वास से भरपूर बनाने का प्रयत्न करें।

32.

बच्चों को उनकी खूबियों, विशेषताओं को उभारने के अवसर दें। उन्हें उचित प्रशिक्षण दिलाएं।

33.

अपने बच्चों के मन में किसी भी प्रकार की हीनता न पैदा होने दें। उनकी नकारात्मक सोच को प्रोत्साहन न दें। अपने बारे में कहना कि "मैं काला हूं...मैं मोटा हूं। मेरी आवाज भारी है। मेरे दांत अच्छे नहीं...लड़कियां मेरे बारे में क्या सोचती होंगी...?" इससे कुंठाएं उपजती हैं। अतः ऐसी सोच से बचाएं।

34.

बच्चों की सकारात्मक सोच को बढ़ावा देने के लिए उनसे उनकी असफलताओं की सूची बनवाएं। इस प्रकार की सूची बनाते-बनाते उनके मन से निराशा, हार, या असफलताओं का भय खत्म होने लगेगा। ध्यान रखें कि पिछले महीने की अपेक्षा इस महीने की सूची लंबी न हो। इस विषय में बच्चों को स्वयं ईमानदार बनाएं, उनकी ईमानदारी पर विश्वास करें।

35.

खुल कर हंसना, खुल कर बातचीत करना, सिर ऊंचा उठा कर चलना, दूसरों के विचारों को मान्यता देना निश्चय ही स्वस्थ सोच है। इससे बच्चों में आत्मविश्वास बढ़ता है।

36.

अपनी अंतर ऊर्जा को उभारें और क्षमताओं पर विश्वास करें। इस विश्वास के सहारे आगे बढ़ें, सफलताएं प्राप्त करें। अपनी सफलताओं को मूर्त्त रूप दें।

37.

'आई एम सॉरी' और 'एक्सक्यूज़ मी' कहना सीखें। यह कोई कमजोरी नहीं, न ही अपराध भाव है, बल्कि यह तो खुली सोच का व्यवहार है। दूसरों से जुड़ने की पहल है। इसे अपनाने में संकोच न करें। इससे आपकी विनम्रता प्रकट होती है।

38.

बेकार की बातों में समय और शक्ति नष्ट न करें। निरर्थक बातों पर बहस करना मूर्खता पूर्ण आचरण है। इससे चुप रहना बुद्धिमानी से पूर्ण व्यवहार है। अतः इसे स्थायी रूप से अपनाएं।

39.

जहां तक हो दूसरों की बुराई न करें। न ही बुरा सोचें। दूसरों के साथ की गई भलाई आत्म संतुष्टि प्रदान करती है। अशांत मन को शांति मिलती है। आप भी इसी भावना से दूसरों के साथ भलाई करें। दूसरों से जुड़ें।

40.

बीमारी अथवा कठिनाई में दूसरों की मदद अवश्य करें। दूसरों के गम में शामिल हों। आप चाहे जितने ही व्यस्त हों, इसके लिए पर्याप्त समय निकालें।

41.

जिनके पास बैठने से बच्चों को सुख मिलता हो, उनके पास अवश्य बैठें। घर के बुजुर्गों का सम्मान करें, उनकी हर वह इच्छा पूरी करें, जिसकी अपेक्षा वे आप से करते हैं।

42.

स्वयं को दूसरों से बेहतर, श्रेष्ठ, सुंदर, उच्च, बुद्धिमान, प्रतिभाशाली, धनी न समझें। इस प्रकार के विचार बच्चों को घमंडी बनाते हैं। हमेशा दूसरों से कुछ सीखने के लिए मानसिक रूप से तैयार रहें और सीखें।

43.

लोगों के संपर्क में आने के लिए तैयार रहें। कक्षा हो अथवा खेल का मैदान, मोहल्ले की रामलीला हो या रेल का सफर, लोगों से सहज-सरल ढंग से मिलें। उनके विचारों को समझें और अपने स्तर पर उनका सहयोग करें। इस संबंध में अति उत्साही होने की आवश्यकता नहीं।

44.

स्कूल, कैरियर संबंधी साक्षात्कार, प्रशिक्षण कक्षा, खेल का मैदान, कहीं भी देर से न पहुंचें। हमेशा समय के पाबंद रहें।

45.

आगे बढ़ने के लिए धीमे चलें। आंखें और दिमाग हमेशा खुला रखें।

46.

क्रोध को अपने पास न फटकने दें। क्रोध की आग में झुलसते व्यक्तियों के पल्ले हीनता के सिवाय कुछ नहीं आता।

47.

ख्वाब देखें, मगर उन्हें साकार करने के प्रयास भी तो करें।

48.

अपने निर्णय स्वयं लें। बच्चों को भी इतनी स्वतंत्रता अवश्य दें कि वे अपने निर्णय आप ले सकें। यदि उनके इन निर्णयों में आप सहयोग दे देते हैं, तो इससे उनका मनोबल बढ़ता है और वे अपने प्रयासों के प्रति चौकन्ने रहते हैं।

49.

बच्चों को सुविधाएं नहीं, प्रोत्साहन दें। लाड़ में आकर बच्चों को दिया गया जेब खर्च उनके लिए अभिशाप बन जाता है।

50.

बच्चों के अच्छे विचारों, प्रयासों, भावनाओं का सम्मान करें।

51.

अपनी और बच्चों की क्षमताओं, गुणों, आदर्शों में वृद्धि करें। ये गुण ही आपके जीवन में ज्ञान और सफलताओं का प्रकाश फैलाएंगे। बच्चों को कुल दीपक का सम्मान दिलाएंगे।

जब कोई पक्ष (पति-पत्नी-पिता-पुत्र) अपना अहम छोड़ कर टूटे संबंधों को जोड़ने की पहल करता है, तो कोई हारता नहीं। हां, दोस्ती और संबंध और अधिक घनिष्ठ बन जाते हैं।

—शीला सलूजा

• • •

www.ingramcontent.com/pod-product-compliance
Lightning Source LLC
Chambersburg PA
CBHW072150160426
43197CB00012B/2321
9789381448748